Gn

Be.Komm

Betriebliche Kommunikation

Lehrerband

Herausgegeben von:
Manfred Maier

Erarbeitet von:
Dr. Ulrich Nill

Ernst Klett Verlag
Stuttgart · Leipzig

Vorwort

Liebe Kollegin, lieber Kollege,

Betriebliche Kommunikation zu unterrichten ist keine ganz einfache Aufgabe. Neben den teils ungewohnten Inhalten führt auch ein neues Verständnis von Schule und Lernen zu veränderten Anforderungen. Der Unterricht soll nicht nur kompetenzorientiert sein, sondern auch die innere Differenzierung der Lerngruppe und eine Individualisierung des Lernprozesses ermöglichen, er soll letztlich auf die Bedürfnisse und die Fähigkeiten jedes einzelnen Lernenden angepasst werden.

Ein solcher Anspruch kann - wenn überhaupt - nur umgesetzt werden, wenn wir die Lernenden selbst stärker in die Pflicht nehmen und ihnen mehr Verantwortung für ihren eigenen Lernprozess übertragen. Sie müssen aktiv an ihrem Kompetenzerwerb arbeiten, unsere Aufgabe besteht darin, ihnen die dazu nötigen Mittel zur Verfügung zu stellen.

In diesem Zusammenhang ist das Portfolio-Konzept von Be.Komm hilfreich. Das Portfolio ist ein wichtiges Instrument zum Kompetenzerwerb und ein zeitgemäßes Mittel der Leistungsmessung. Es bietet den Lernenden die Möglichkeit, Inhalte zu rekapitulieren und sie im Hinblick auf die eigene Lebenssituation und -erfahrung zu reflektieren. Bei der ganz individuellen Bewältigung dieser Aufgabe haben die Schülerinnen und Schüler viele Möglichkeiten und Freiräume. Insofern verbietet es sich eigentlich, eine „Musterlösung“ vorzustellen. Dennoch finden Sie in diesem Lehrerband in jedem Kapitel Hinweise zum Portfolio. Diese Anregungen können hilfreich sein, z. B. bei der Beratung einzelner Schüler/-innen, die keine Ideen haben.

Für Be.Komm sind konkrete Situationen und Beispiele ein ganz wichtiges Element des Kompetenzerwerbs. An ihnen sollen die Lernenden Erkenntnisse gewinnen, auf sie sollen sie theoretische Einsichten anwenden. Im Idealfall spiegeln diese Situationen und Beispiele die konkrete Berufsorientierung jedes Lernenden wider. Andererseits sind die Berufe vielfältig, die Vorkenntnisse der Schüler/-innen sind diffus, manche verfügen über gar keine Erfahrung aus der beruflichen Praxis. Die Situationen und Beispiele in den Kapiteln von Be.Komm sind so allgemein gehalten, dass alle Lernenden sie verstehen und sich mit ihnen auseinandersetzen können. Die Arbeit mit Be.Komm ermöglicht es auch, „Berufserkundung“ unter einer jeweils spezifischen Fragestellung zu betreiben (vgl. Hinweise auf S. 39). Eine interessante Möglichkeit des Lernens bieten die Fallbeispiele, die die Anwendung des Gelernten in einer konkreten Praxissituation ermöglichen und so dessen berufliche Relevanz verdeutlichen. Diese Beispiele können auch dazu genutzt werden, dass die Lernenden mehr Klarheit über die Anforderungen in dem gewählten oder angestrebten Beruf erlangen, z. B. indem sie diese Beispiele in einem Projekt auf das eigene Berufsbild übertragen (vgl. Hinweise auf S. 40).

Online-Link
803902-0000

Der Herausgeber, der Autor und der Verlag haben großes Interesse an Ihren Erfahrungen mit dem neuen Konzept. Über eine Rückmeldung oder über konkrete Arbeitsergebnisse Ihrer Schüler/-innen würden wir uns sehr freuen. Unter www.klett.de, **Online-Link 803902-0000** (Ziffern in das Suchfeld eingeben) werden wir Ihre Einsendungen mit Ihrem Einverständnis gern Ihren Kolleginnen und Kollegen zur Verfügung stellen. Nehmen Sie unter der E-Mail-Adresse **be.komm@klett.de** Kontakt mit der Redaktion auf.

Manfred Maier — Herausgeber
Dr. Ulrich Nill — Autor

Inhalt

Kommunikation und Beruf

Anlage des Kapitels – Inhalte und Fragestellungen

Zunächst werden die Schülerinnen und Schüler mit einem Gespräch konfrontiert, in dem wichtige Aspekte des Themas Kommunikation und Beruf diskutiert werden. Clara und Rolf sind Schüler, die sich offenbar gerade in ihrer neuen Schule zurechtfinden müssen. Sie sprechen über Kommunikation und Rhetorik und darüber, wie relevant eine Ausbildung in diesen Bereichen ist. Es lässt sich der Schluss ziehen, dass eines ihrer neuen Fächer, mit dem sie noch keine Erfahrung gemacht haben, den Anlass zu diesem Gespräch liefert: Betriebliche Kommunikation.

Ein Text aus dem Internet, der sich mit den sogenannten Soft Skills befasst, berührt auch Fragen, die in dem Gespräch zwischen Clara und Rolf diskutiert werden, z. B., wie wichtig Fähigkeiten im Bereich der Kommunikation für den beruflichen Erfolg sind.

Die Aufgaben 4 und 5 verlangen von den Schülerinnen und Schülern, dass sie sich auf der Basis ihres Vorwissens überlegen, welche Rolle der Kommunikation bei verschiedenen beruflichen Tätigkeiten zukommt und wie bedeutsam sie im zwischenmenschlichen Bereich ist.

Das Kapitel soll zu einer ersten Annäherung der Schüler/-innen an das Thema Kommunikation führen.
- Welche Bedeutung hat Kommunikation im beruflichen Alltag und im Privatleben?
- Welchen Einfluss hat Unterricht und Training auf das Kommunikationsverhalten?
- In welchem Verhältnis stehen Arbeit und Kommunikation zueinander?

Lösungsvorschläge

1

a) Kommunikation allgemein
Clara hält Kommunikation für sehr wichtig und interessant. Sie meint, dass besonders Vorgesetzte über kommunikative Fähigkeiten verfügen müssten, um ihre Aufgaben erfüllen zu können.
Rolf bezeichnet Kommunikation abwertend als „plaudern", „schwafeln" und als „Schönrednerei". Für ihn spielt Kommunikation in Betrieben nur am Rande eine Rolle, wichtig sei vielmehr das „Arbeiten". Dabei halte die Kommunikation („plaudern") von der eigentlichen Arbeit ab. Für Rolf kommt es beim Kommunizieren auf die Inhalte an, nicht auf die Form.

b) Kommunikation als Unterrichtsgegenstand
Clara freut sich auf den Unterricht und hofft, dass dadurch ihre eigenen kommunikativen Fähigkeiten verbessert werden und dass sie später dadurch konkrete Situationen im Betrieb besser bewältigt.
Rolf hat gegenüber dem neuen Unterrichtsfach (Betriebliche) Kommunikation große Vorbehalte. Er geht davon aus, dass kommunikative Fähigkeiten „natürlich" und „automatisch" erworben werden (wie das Atmen, das man ohne Unterricht in Atemtechnik beherrscht). Demnach wäre eine spezielle Ausbildung im Bereich Kommunikation überflüssig (Beispiel: Freund aus dem Schützenverein). Man hat Glück, wenn man „reden" kann und muss sich damit abfinden, wenn man es nicht kann.

2

Individuelle Lösungen

3

a) *Individuelle Lösungen*

b) Definition von Soft Skills
Der Text definiert Soft Skills als „eine Reihe von persönlichen Eigenschaften, Einstellungen, Fähigkeiten und Fertigkeiten (…), besonders aus dem Bereich der Kommunikation und Motivation".
Bedeutung der Soft Skills
Diese Soft Skills seien für die Karriere sehr wichtig, heißt es in dem Text. Fachwissen sei die Grundvoraussetzung für beruflichen Erfolg. Entscheidend seien aber die Soft Skills.

c) Mit dem Text lassen sich weitgehend die Positionen untermauern, die Clara einnimmt. Das gilt vor allem für die große Bedeutung, die der Kommunikation im Beruf zugeschrieben wird. Auch im Hinblick auf die Frage, ob sich die kommunikativen Fähigkeiten durch Unterricht und Training verbessern lassen, unterstützt der Text Claras Auffassung. Andererseits wird auch eine Auffassung von Rolf bestätigt: Manche Kompetenzen werden nicht (nur) durch gezielte Ausbildung erworben, sondern durch Berufs- und Lebenserfahrung.

4

→ *Siehe Kopiervorlage (Formblatt, S. 10)*

Berufliche Tätigkeit	Nicht-kommunikative Aufgaben	Kommunikative Aufgaben
A Friseur/-in	*Haare schneiden, waschen, fönen usw., eventuell Kasse führen usw.*	*Beratung der Kunden, Plaudern während des Haareschneidens (?)*
B Fließbandarbeiter/-in in der Montageabteilung eines Autoherstellers	Teile aus den Behältern nehmen und an der entsprechenden Stelle montieren	Zuständige Vorgesetzte auf Fehler und Probleme aufmerksam machen
C Meister/-in als Gruppenleiter/-in einer Arbeitsgruppe im Montagebereich	In Ausnahmefällen (z. B. zum Einweisen neuer Mitarbeiter) Teile montieren, eventuell Fehlerbehebung bei Maschinen	Einteilung der Arbeitskräfte, Organisation von Krankheitsvertretung, Urlaubsplanung, Berichte an die Firmenleitung

Berufliche Tätigkeit	Nicht-kommunikative Aufgaben	Kommunikative Aufgaben
D Kundenberater/-in in einer Bank	Vor- und Nachbereitung der Kundengespräche: z. B. Informationen einholen und analysieren, Kundendaten auswerten usw.	Kundengespräche, Information und Beratung über diverse Finanzprodukte (Kredite, Geldanlage usw.), Hilfe durch Informationen und Hinweise (z. B. über Kontenführung)
E Pfleger/-in in einem Seniorenheim	Hilfe bei Körperpflege, Ernährung, Ausführen medizinischer Maßnahmen (Verbandswechsel, Spülungen, Medikamente verabreichen)	Anleiten der alten Menschen bei bestimmten Übungen (z. B. Bewegung), persönliche Ansprache (Aufmunterung, Trost usw.), Beratung bei diversen Fragen, Kontakt zu den Angehörigen
F Handwerker/-in auf dem Bau	Je nach Beruf: Verschalung anbringen, Schlitze klopfen, Wände streichen, Fliesen verlegen, Parkett schleifen usw.	Anweisungen erteilen und entgegennehmen, Beratung, Absprachen mit Architekt, Bauherr, anderen Handwerkern
Weitere Berufe: *Individuelle Lösungen*		
Möglichkeit:		
Arzthelfer/-in	Den Patienten Injektionen verabreichen, Abstriche nehmen, Waren und Material bestellen, Geräte und Instrumente pflegen	Patientenbetreuung: z. B. Terminvergabe, Aufnehmen von Patientendaten, Beratung über besondere Leistungen usw.
Personalchef/-in	Kaum nicht-kommunikative Aufgaben (Das Sichten von Bewerbungsunterlagen etwa ist im weitesten Sinne auch eine kommunikative Aufgabe.)	Im Gespräch mit Abteilungsleitern Bedarf an Arbeitskräften ermitteln, Stellenangebote ausarbeiten, Vorstellungsgespräche, Einstellungen, Kündigungen

HINWEIS

Wenn die Schülerinnen und Schüler über nur geringe Erfahrungen mit beruflichen Tätigkeiten verfügen, lässt sich die Aufgabe auch über eine Internet-Recherche bearbeiten. Im Internet findet man Informationen über die Tätigkeiten in unterschiedlichen Berufen (z. B. http://berufe.gehaltsvergleich.com).
Es zeigt sich, dass die Grenze zwischen kommunikativen und nicht-kommunikativen Aufgaben unscharf ist. Dabei gibt es aber kaum berufliche Tätigkeiten, bei denen Kommunikation gar keine Rolle spielt. Es gibt aber sehr wohl Tätigkeiten, die fast ausschließlich kommunikativ sind.
Innerhalb der Hierarchie eines Unternehmens lässt sich – etwas vereinfachend – sagen, dass der Anteil der Kommunikation an der beruflichen Tätigkeit ansteigt, je höher man auf der Karriereleiter hinaufgeklettert ist. Die hoch bezahlten Manager/-innen an der Spitze einer Firma machen letztlich nichts anderes als zu kommunizieren. Wenn man Kommunikation nicht auf den direkten und unmittelbaren Kontakt mit anderen Menschen beschränkt, sondern darunter auch beispielsweise das Führen von Akten versteht (die

irgendwann vielleicht irgendjemand liest), so braucht man vielfach nicht bis ins Top-Management einer Firma vorzudringen, um eine berufliche Tätigkeit zu finden, die weitgehend aus Kommunikation besteht. Auch im Handwerk ist Kommunikation nicht unwichtig. Es zeigt sich auch hier, dass handwerkliches Können und Fachkenntnis zwar notwendige Voraussetzungen sind, dass der berufliche Erfolg aber auch wesentlich davon abhängt, wie überzeugend die Handwerkerin/der Handwerker anderen gegenüber auftritt. Dazu gehört etwa

- die Beratung der Kunden hinsichtlich Material, Ausführung,
- der Umgang mit Reklamationen und Beschwerden,
- Terminabsprachen und Ähnliches mit Lieferanten, anderen Handwerkern.

5

Individuelle Lösungen

Möglichkeit:
Unser soziales Leben besteht weitgehend aus Kommunikation. Daraus ergibt sich die große Bedeutung, die Kommunikation auch im privaten Bereich hat. Beispiele können sich etwa darauf beziehen,

- wie man Menschen kennenlernt,
- wie man Gespräche führt, von denen die Beteiligten profitieren oder die den Beteiligten Spaß machen,
- wie man Probleme löst,
- wie man Kritik äußert,
- wie man die eigenen Interessen geltend macht.

PORTFOLIO

a) *Die Bedeutung der Kommunikation im betrieblichen Alltag: Fassen Sie dazu die Erkenntnisse kurz zusammen, die Sie für besonders bedeutsam halten.*

- Kommunikation ist ein wichtiges, oft zentrales Element der beruflichen Tätigkeit.
- Die Fähigkeit, angemessen zu kommunizieren, ist eine Grundvoraussetzung für beruflichen Erfolg.
- Diese Fähigkeit wird z. B. benötigt, um den Kontakt zu Kunden erfolgreich zu gestalten.
- Auch im Privatleben sind kommunikative Fähigkeiten wichtig.
- Kommunikation gehört zu den sogenannten Soft Skills, die heute von Unternehmen als wichtiger Erfolgsfaktor angesehen werden.
- Zu den Soft Skills gehören auch persönliche Einstellungen und Haltungen (z. B. Motivation).
- Bei verschiedenen Berufen ist der Anteil der kommunikativen Tätigkeiten unterschiedlich groß, aber es gibt praktisch keine Berufe (zumindest keine anspruchsvollen), die ohne Kommunikation auskommen.

b) *Notieren Sie Beobachtungen aus Ihrem Leben oder auch aus Büchern, Filmen usw., die zu diesen Erkenntnissen passen oder ihnen widersprechen.*

- Beispiel von Menschen, die im Beruf erfolgreich sind, weil sie besonders redegewandt sind usw.
- Beispiel von Menschen, die erfolgreich sind, obwohl sie nur über geringe kommunikative Fähigkeiten verfügen usw.

c) *Legen Sie fest, welche Konsequenzen Sie aus diesen Erkenntnissen ziehen können.*

- Eigene Fähigkeiten im Bereich Kommunikation gezielt verbessern.
- Eine Berufstätigkeit suchen, die den eigenen Fähigkeiten im Bereich der Kommunikation entspricht.

Berufliche Tätigkeit	Nicht-kommunikative Aufgaben	Kommunikative Aufgaben
A Friseur/-in	Haare schneiden, waschen, fönen usw., eventuell Kasse führen usw.	Beratung der Kunden, Plaudern während des Haareschneidens (?)
B Fließbandarbeiter/-in in der Montageabteilung eines Autoherstellers		
C Meister/-in als Gruppenleiter/-in einer Arbeitsgruppe im Montagebereich		
D Kundenberater/-in in einer Bank		
E Pfleger/-in in einem Seniorenheim		
F Handwerker/-in auf dem Bau		
Weitere Berufe:		

Grundlagen der Rhetorik - Vortragstechnik

Anlage des gesamten Kapitels 2 - Inhalte und Fragestellungen

Im Unterkapitel 2 A werden die Schülerinnen und Schüler zunächst mit der Frage konfrontiert, wovon es abhängt, ob Reden oder Redebeiträge wirkungsvoll sind oder nicht. In komprimierter Form erhalten sie wichtige Antworten, die die Rhetorik liefert. Diese Erkenntnisse wenden sie auf vorgegebene Situationen an.

Rhetorik wird in diesem Kapitel in ihrer doppelten Funktion genutzt: einerseits als Technik, um konkrete Verbesserungen bei eigenen Reden zu erreichen, andererseits als Theorie, um sprachliche Erscheinungen besser verstehen und analysieren zu können.

In den Unterkapiteln 2 B–E konzentrieren sich die Schülerinnen und Schüler jeweils auf einen relevanten Faktor, der die Wirkung einer Rede beeinflussen kann. Dabei geht es zum einen um das Verfassen des Redetextes (Aufbau, Ausschmückung, Argumentation), zum anderen um den Vortrag der Rede (Sprechtechnik und Körpersprache). Der Aspekt der Argumentation wird an dem Beispiel des Verkaufsgesprächs behandelt.

Dieses kleinschrittige Verfahren ist eine Alternative zu einem ganzheitlichen Vorgehen, bei dem die Schülerinnen und Schüler schon zu Beginn eine komplexe Aufgabe bekommen. Während das ganzheitliche Vorgehen oft den Nachteil hat, dass Rückmeldungen zu einem Vortrag, die ganz unterschiedliche Aspekte betreffen, nur schwer in Optimierungsstrategien überführt werden können, eröffnet dieses Vorgehen die Möglichkeit, ganz gezielt einen Aspekt zu erproben, zu reflektieren und zu trainieren. So können die Schülerinnen und Schüler jeweils auf einem klar umrissenen Terrain die eigene Kompetenz aufbauen und erleben und so Sicherheit gewinnen.

Eine Möglichkeit differenzierender Unterrichtsgestaltung besteht darin, dass die Schülerinnen und Schüler einige dieser Übungsangebote auswählen, entweder nach eigenem Geschmack oder auf der Grundlage von Rückmeldungen, die sie bei einem Probevortrag bekommen.

Einige Inhalte dieses Kapitels tauchen in Kapitel 3 (Präsentation) und Kapitel 6 (Bewerbung) wieder auf und werden dort vertiefend behandelt.

Da es sich bei den Kapiteln 2 B–E um praktische Übungen handelt, ist hier der Einsatz des Portfolios nach jedem Unterkapitel nicht sinnvoll. Das Portfolio als Reflexionsinstrument wird in diesem Kapitel lediglich nach den Unterkapiteln 2 A und 2 F verwendet. Selbstverständlich können dennoch Arbeitsproben aus den Unterkapiteln 2 B–E ins Portfolio aufgenommen werden.

2 A Die Wirkungsmittel der Rhetorik

Schülerband S. 6–7

Anlage des Unterkapitels 2 A – Inhalte und Fragestellungen
In der Kompetenzbox werden drei verschiedene Erklärungen für rhetorische Wirkung geliefert, die sich teilweise überschneiden:
1. Die Wirkungsmittel: ethos, logos, pathos.
2. Das Beziehungsgefüge der an der rhetorischen Kommunikation beteiligten Faktoren (Dreieck der Rhetorik)
3. Die einzelnen Faktoren, die ein Redner vorbereiten kann: Gestaltung des Redetextes (Argumentation, Aufbau, Ausschmückung) und Vortrag des Redetextes.

Die Schüler/-innen machen sich mit dieser Sichtweise vertraut, indem sie diese Erklärungen auf verschiedene Situationen anwenden und die Wirkung von Reden und Redebeiträgen erklären.

Lösungsvorschläge

1

Individuelle Lösungen

Möglichkeit: Mindmap

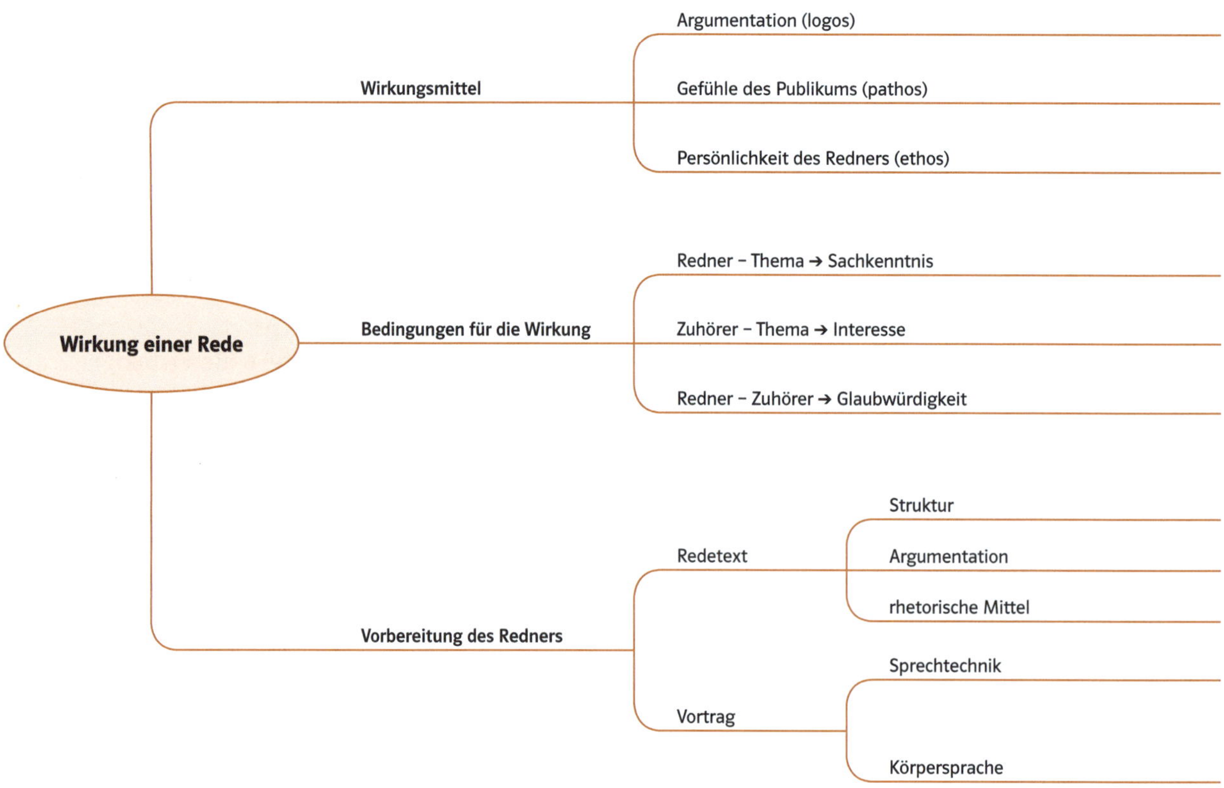

HINWEIS

Es ist lernpsychologisch sinnvoll, dass die Schülerinnen und Schüler sich die sehr komprimierte Information durch eine eigene Visualisierung aneignen. Dabei sind ganz unterschiedliche Möglichkeiten denkbar (z. B. eine Darstellung des Redners und seines Publikums mit Sprech- und Denkblasen usw.). Die einzelnen Aspekte können auch in verschiedenen Bildern dargestellt werden oder in einem einzigen. Eine solche Visualisierung sollte ins Portfolio aufgenommen werden.

Die Schüler/-innen können sich im Internet weitere Informationen über Rhetorik beschaffen und diese ebenfalls dem Portfolio beifügen.

2

SITUATION A

Redebeitrag: Firmenchef wirbt um Zustimmung für soziale Einschnitte (kein Weihnachtsgeld).
Wirkung: Beim Auszubildenden Marcel erreicht die Rede ihr Ziel nicht.
Erläuterung: Der Redner scheint einerseits auf die Argumentation zu setzen, andererseits versucht er aber auch, bei seinen Zuhörern Gefühle zu erzeugen (pathos), indem er ein Wir-Gefühl entstehen lässt. Bei dem Auszubildenden erzielt er diese Wirkung nicht. Marcel verweist auf den Reichtum des Redners (zwei Sportwagen), der diesen von seinen Zuhörern unterscheidet. Die Erklärung für die mangelhafte Wirkung der Rede liegt also in der fehlenden Glaubwürdigkeit des Redners.

SITUATION B

Redebeitrag: Kurzvortrag des Stellenbewerbers Müller, in dem dieser dafür wirbt, dass er eingestellt wird.
Wirkung: Der Bewerber erreicht sein Ziel nicht.
Erläuterung: Es liegt offenbar nicht an der Sache, dass der Bewerber sein Ziel nicht erreicht, sondern an der Art des Vortrags. Dabei wird die Sprechtechnik kritisiert („dieses Nuscheln“), aber auch die Körpersprache (kein Blickkontakt). Aus diesen Beobachtungen zieht der Personalchef Schlüsse auf die Persönlichkeit des Bewerbers und kommt zu dem Ergebnis, dass dieser nicht zur Firma passt.

SITUATION C

Redebeitrag: (vermutlich) Kurzvortrag der Stellenbewerberin Frau Raschke
Wirkung: Die Bewerberin erreicht ihr Ziel.
Erläuterung: Wie bei dem Bewerber Müller zieht der Personalchef aus Frau Raschkes Vortrag Schlüsse auf ihre Persönlichkeit. In ihrem Fall kommt er dabei zu dem Ergebnis, dass sie zur Firma passt und eingestellt werden sollte, und das, obwohl sie offenbar fachliche Defizite hat. Positiv an dem Vortrag von Frau Raschke war wohl die Struktur des Vortrags und dessen inhaltliche Klarheit (Struktur und Argumentation). Besonders wichtig ist aber die persönliche Wirkung der Bewerberin (Persönlichkeit der Rednerin, Glaubwürdigkeit).

SITUATION D

Redebeitrag: Der Fußballtrainer möchte seine Mannschaft durch eine Ansprache motivieren.
Wirkung: Er „erreicht“ die Spieler, die sich seine Worte zu Herzen nehmen.
Erläuterung: Einiges an der Ansprache des Trainers ist nicht optimal (Wortwahl, Sprechtechnik, Körpersprache). Diese Merkmale könnten dazu führen, dass die Spieler den Trainer nicht ernst nehmen, sich sogar über ihn lustig machen. Allerdings werden diese Faktoren von einem anderen Faktor überlagert, nämlich der Persönlichkeit des Redners, die vor allem darum als sehr beeindruckend wahrgenommen wird, weil die Spieler wissen, was der Mann geleistet hat. Das verleiht ihm so viel Autorität, dass die Spieler über die Art des Vortrags hinwegsehen, zumindest für den Moment.

SITUATION E

Redebeitrag: Vortrag bei einer Motivationsshow
Wirkung: Am Samstag (während der Rede) war Annika begeistert, am Montag ist diese Wirkung verblasst.
Erläuterung: Aus der Tatsache, dass Annika am Montag gar nicht mehr weiß, was sie anders machen soll, lässt sich schließen, dass die inhaltliche Substanz des Vortrags (Argumentation, logos) gering war. Dass sie die Rede am Samstag als so bedeutend erlebt hat, dass sie überzeugt war, sie würde ihr Leben verändern, liegt wohl vor allem an den starken Gefühlen, die bei ihr ausgelöst wurden (pathos). Diese Gefühle waren aber wohl eher auf die Persönlichkeit des Redners zurückzuführen und auf die Rahmenbedingungen (z. B. auf ein Gemeinschaftserlebnis in der Gruppe, Showelemente) als auf die Inhalte.

SITUATION F

Redebeitrag: Vortrag des berühmten Gelehrten
Wirkung: Die Lehrerin ist begeistert, die Schüler langweilen sich.
Erläuterung: Das Beispiel macht deutlich, dass man nicht allgemein sagen kann, ein Vortrag sei wirkungsvoll oder wirkungslos. Die Wirkung hängt von den Adressaten ab. Für Frau Talmann ist der Vortrag brillant. Die Brillanz ist dabei auf die Inhalte zurückzuführen, also auf die Argumentation. Um diese Argumentation als „schlüssig" erkennen zu können, braucht man Vorkenntnisse, über die die Lehrerin verfügt. Frau Talmann hat Interesse an dem Inhalt des Vortrags (Beziehung zwischen Thema und Zuhörerin). Bei ihren Schülerinnen und Schülern ist das ganz anders. Ihnen fehlen die Vorkenntnisse und das Interesse, wobei diese beiden Aspekte sich gegenseitig bedingen. Deshalb langweilen sie sich.

PORTFOLIO

a) *Rhetorik und die Wirksamkeit eines Vortrags: Fassen Sie dazu die Erkenntnisse kurz zusammen, die Sie für besonders bedeutsam halten.*

Erkenntnisse:
- Rhetorik als Theorie kann dabei helfen, die Wirkung von Redebeiträgen besser zu verstehen.
- Rhetorik als Technik kann dabei helfen, die Wirkung von Redebeiträgen zu verbessern.
- Die Wirkung eines Redebeitrags hängt nicht nur von dessen inhaltlicher Qualität ab, sondern auch von der Persönlichkeit des Redners.
- Die Gefühle, die beim Publikum hervorgerufen werden, sind ebenfalls wichtig.
- Weitere Bedingungen für die Wirksamkeit liegen beim Publikum und dessen Interesse am Thema.
- Einzelne Faktoren, die Einfluss auf die Wirkung einer Rede haben, lassen sich getrennt üben.
- Die Lebensumstände des Redners (z. B. sein Wohlstand) können dazu führen, dass seine Aussagen unglaubwürdig sind.
- Bei Bewerbungen geht es nicht nur um Qualifikationen, sondern auch um die Gefühle, die man durch die Art seines Auftretens bei den Personalverantwortlichen hervorruft.
- Auch der Ruf eines Menschen (z. B. seine Lebensleistung) kann zur Wirkung seiner Aussagen beitragen.
- Derselbe Vortrag kann bei unterschiedlichen Menschen ganz unterschiedlich wirken, da sie verschiedene Interessen und Vorkenntnisse haben.

b) *Notieren Sie Beobachtungen aus Ihrem Leben, aber auch aus Büchern, Filmen usw., die zu diesen Erkenntnissen passen oder ihnen widersprechen.*
- politische Reden und ihre Wirkung
- Erfahrungen mit Referaten in der Schule
- Sympathien des Publikums bei Fernsehdiskussionen usw.
- Beeinflussung der Meinungsbildung im Film, z. B. „Thank you for smoking" (2005)

c) *Legen Sie fest, welche Konsequenzen Sie aus diesen Erkenntnissen ziehen können.*
- Verbesserung der eigenen rhetorischen Fähigkeiten
- Gezielte Beobachtung von Wirkungszusammenhängen (z. B. Reden im Fernsehen oder im Internet)

2 B Aufbau einer Rede

Schülerband S. 8–9

Anlage des Unterkapitels 2 B – Inhalte und Fragestellungen
In diesem Unterkapitel wird die Aufmerksamkeit der Schülerinnen und Schüler auf die Gliederung eines Redebeitrags gelenkt. Es wird praktisch erprobt, wie sich ein Text strukturieren lässt und wie diese Struktur für die Zuhörer/-innen verdeutlicht werden kann.

Lösungsvorschläge

1

Individuelle Lösungen

Möglichkeit:
Aus der Aufsatzlehre kenne ich die Grundeinteilung in Einleitung, Hauptteil und Schluss.

2

Individuelle Lösungen

Möglichkeit:
Sehr geehrte Damen und Herren, ich werde Sie auf ein Gesundheitsrisiko hinweisen, das oft unterschätzt wird: das Verschlucken von Nägeln bei Schreinerarbeiten.
(PAUSE)
Jeder Hobbyschreiner kennt das Problem: Es fehlt ihm eine Hand, um richtig arbeiten zu können. Mit der einen Hand hält man den Nagel in der richtigen Position fest. In der zweiten Hand hat man den Hammer, mit dem man den Nagel einschlägt. Wohin mit den restlichen Nägeln? Ganz klar, die klemmt man zwischen die Lippen. Tun Sie das nicht! Ein plötzlicher Hustenanfall, ein Kollege, der Ihnen zum Gruß auf den Rücken klopft, ein tiefer Atemzug, und schon haben Sie einen Nagel verschluckt. Was folgt, ist die Unfallklinik, langwierige Untersuchungen, verlorene Zeit usw. Das muss nicht sein.
(PAUSE)
Das war eine kurze Darstellung einer oft unterschätzten Gefahr für die Gesundheit. Sie haben erfahren, wie es dazu kommt, dass man einen Nagel verschluckt, und welche Folgen das hat.

HINWEIS

Der spielerische Umgang mit der Gliederung, der in der Aufgabe gefordert wird, kann dazu führen, dass die Inhalte der Vorträge unsinnig werden. Das wäre im Zusammenhang mit der Aufgabe akzeptabel, solange die Schüler/-innen die Gliederung ernst nehmen. Wenn die Schüler/-innen Schwierigkeiten haben, sich Inhalte „aus den Fingern zu saugen", dann kann man ihnen auch Material an die Hand geben, z. B. eine Überblicksdarstellung über Umweltprobleme. Eine andere Möglichkeit besteht darin, dass die Schüler/-innen eines ihrer Schulbücher als Informationsspeicher für den Vortrag verwenden.

3

Individuelle Lösungen

4

a) *Ist die globale Erwärmung nur eine Theorie oder eine Tatsache?*
Der Klimawandel ist schon heute spürbar, und er wird sich verschlimmern.

Geht die Erwärmung nicht nur einige wenige Teile der Erde an?
Die Veränderungen betreffen viele Bereiche und Regionen, und zwar weltweit.

Ich werde Ihnen sagen, welche konkreten Auswirkungen das hat.
In manchen Gegenden nehmen die Unwetter zu, der Meeresspiegel steigt, Menschen und Tiere sind bedroht.

Ich komme zu den Ursachen.
Die Veränderungen sind von uns Menschen verursacht.

Ich werde Ihnen erklären, wie wir zur globalen Erwärmung beitragen.
Wir produzieren zu viel CO_2, das vor allem für die Erwärmung verantwortlich ist.

Wer kann etwas an dieser schwierigen Situation ändern?
Jeder Einzelne kann dabei helfen, dieses Problem zu lösen.

Ich gebe Ihnen ein konkretes Beispiel.
Wenn wir beispielsweise mit dem Bus oder dem Fahrrad fahren und eben nicht mit dem Auto, leisten wir schon einen kleinen Beitrag.

b) *Individuelle Lösungen*

2C Ausschmückung des Redetextes: rhetorische Mittel

Schülerband S. 10–11

Anlage des Unterkapitels 2 C – Inhalte und Fragestellungen
Rhetorische Mittel sind im Deutschunterricht vor allem als Mittel der Analyse gefragt. In diesem Zusammenhang ist es in der Regel wichtig, dass diese Mittel nicht nur aufgelistet werden, sondern dass deren Funktionalität für die Aussage eines Textes herausgearbeitet wird.
In diesem Unterkapitel sollen die Schüler/-innen mit einigen rhetorischen Mitteln vertraut gemacht werden, indem sie diese zunächst in einem Text identifizieren, in dem sie sehr geballt vorkommen. Anschließend werden diese Mittel selbst zur Textproduktion gebraucht. Das Ziel ist also weniger die Analyse, vielmehr die Ausschmückung eines (eigenen) Textes.

Lösungsvorschläge

1

Meine sehr geehrten Damen und Herren,	Anrede
wir sollen also eine neue Kläranlage bekommen. Eine schönere Kläranlage. Eine größere Kläranlage. Eine bessere Kläranlage.	Dreiergruppe, Parallelismus, Epipher, Klimax
„Großartig!", werden Sie sagen. „Das ist genau das, was wir uns immer gewünscht haben."	Perspektive des Publikums, Ironie (noch nicht zu erkennen)
Ist es das wirklich, meine lieben Mitbürger?	Perspektive des Publikums, rhetorische Frage
Ist die neue Anlage nicht auch Ballast? Ist sie nicht auch ein Klotz, den wir uns ans Bein binden? Ist sie nicht auch ein gnadenloser Schuldeneintreiber, der jahrelang die Hand aufhalten wird, der uns ärgern, der uns quälen wird?	rhetorische Fragen, Parallelismus, Metaphern, Personifikation, Klimax
Und noch eine andere Kleinigkeit:	Untertreibung, Ironie
Brauchen wir überhaupt eine neue Kläranlage?	rhetorische Frage
Wenn ich den Wasserhahn aufdrehe, kommt Wasser. Wenn ich die Klospülung drücke, wird gespült.	Zweiergruppe, Parallelismus, Anapher
Mir reicht das. Meiner Familie reicht das. Und, ich bin mir sicher, auch Ihnen reicht das.	Parallelismus, Klimax, Epipher
Nur unser Bürgermeister sieht das anders. Er handelt nach dem Motto: Frage nicht, was deine Kläranlage für dich tun kann, frage vielmehr, was du für deine Kläranlage tun kannst.	Ironie, Anspielung (John F. Kennedy, „Frage nicht, was dein Land für dich tun kann, sondern was du für dein Land tun kannst!")

2 – 3

Individuelle Lösungen

HINWEIS

Es wäre auch möglich, dass die Schüler/-innen einen beliebigen anderen Text mit rhetorischen Mitteln „aufrüsten". Allerdings fällt ihnen die Aufgabe leichter, wenn dieser Text eine klar erkennbare Wirkung bei einem Publikum erzielen soll. Insofern ist es naheliegend, den Beispieltext, der voller Polemik gegen den Bürgermeister und die geplante Kläranlage ist, zu erweitern (z. B. indem weitere geplante oder bereits realisierte Vorhaben benannt werden).

2 D Vortrag der Rede: Sprechtechnik

Schülerband S. 12–13

Anlage des Unterkapitels 2 D – Inhalte und Fragestellungen
Die Schülerinnen und Schüler werden zunächst mit zwei Sätzen im Dialekt konfrontiert, die sie im Hinblick auf die Abweichung von der Standardsprache untersuchen sollen. Nach derselben Methode setzen sie sich mit weiteren Texten im Dialekt auseinander. Dabei geht es nicht darum, Dialekte abzuwerten oder zu kritisieren. Das Ziel ist vielmehr, die Wahrnehmung der Schülerinnen und Schüler für den Klang gesprochener Sprache zu schärfen. Diese erhöhte Sensibilität ist die Grundvoraussetzung für die folgenden Sprechübungen.

Lösungsvorschläge

1

Silben Dialekt	Silben Hochdeutsch	Beschreibung der Unterschiede
Sol	Sol	keine Veränderung
la	len	Vokal verändert sich, n fällt weg
mä	wir	anderes Wort
no	noch	Vokal wird länger gesprochen, ch fällt weg
do	da	Vokal ändert sich
blei	blei	keine Veränderung
bä	ben	Vokal verändert sich, n fällt weg
Na	Nein	Vokal (Diphthong) verändert sich, n fällt weg
Üsch	Ich	Vokal verändert sich, aus ch wird sch
mescht	möchte	Vokal ändert sich, aus ch wird sch, e fällt weg
hemm	heim	Vokal (Diphthong) verändert sich

2 – 3

Individuelle Lösungen

HINWEIS

Für die weitere Untersuchung können beliebige Texte in beliebigen Dialekten verwendet werden. Eine Möglichkeit dazu bieten die Texte, die sich auf der folgenden Seite finden:
http://www.forums9.ch/sprachen/Rosetta_de_at.htm

2E Vortrag der Rede: Körpersprache

Schülerband S. 14–15

Anlage des Unterkapitels 2 E – Inhalte und Fragestellungen
In diesem Unterkapitel konzentrieren sich die Schülerinnen und Schüler auf die nonverbalen und paraverbalen Aspekte eines Vortrags, die verkürzend als „Körpersprache" bezeichnet werden. Ihnen wird deutlich, dass diese Aspekte im ungünstigen Fall die Wirkung einer Rede stören können. Die Schüler/-innen lernen zwei unterschiedliche Strategien kennen, um dies zu verhindern, und sie machen eine Übung (A), die zur Überwindung der Redeangst beitragen kann.
In der theaterpädagogischen Übung B erfahren und erproben die Schüler zunächst, wie man unterschiedliche Gefühle allein durch nonverbales und paraverbales Handeln zum Ausdruck bringt. Der Inhalt der verwendeten Texte verändert sich nicht, es ist allein die Art, wie vorgetragen wird, die diese Eindrücke transportiert. Diese Erfahrung machen sich die Schülerinnen und Schüler in der anschließenden Übung C zunutze, indem sie all das körpersprachlich zum Ausdruck bringen, was die Wirkung ihrer Rede begünstigt.
Übung D gehört nicht mehr zum Unterkapitel Körpersprache, sondern bezieht sich auf alles, was in den Unterkapiteln 2 B–E gelernt wurde. Die Schüler/-innen sollen hier die verschiedenen Aspekte zusammenführen. Sie können dies mit einem beliebigen Vortragstext machen, den sie zunächst bearbeiten (Gliederung, rhetorische Mittel) und dann vortragen. Dazu soll es jeweils Feedback geben.

Lösungsvorschläge

1 – 2

Individuelle Lösungen

3

Individuelle Lösungen

Mögliche Visualisierung eines einzelnen Aspekts:

Positive Körpersprache

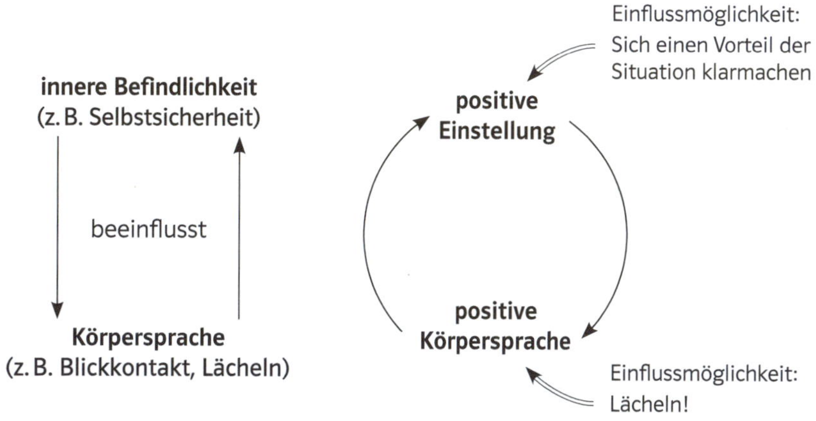

2 F Berufsbezogene Rhetorik: Argumentieren im Verkaufsgespräch

Schülerband S. 16–18

Anlage des Unterkapitels 2 F – Inhalte und Fragestellungen

Der Kernbereich rationaler Rhetorik ist die Argumentation (logos). In diesem Unterkapitel werden die Schüler/-innen am Beispiel von Verkaufsgesprächen auf einige Aspekte hingewiesen, die dabei besonders deutlich werden, die aber in ähnlicher Weise auch für andere Situationen gelten, in denen argumentiert wird. Dabei geht es im Kern immer um die Frage, wodurch die Argumentation für die einzelne Kundin bzw. den einzelnen Kunden überzeugend wird. Es werden Beispiele verwendet, die es auch Schülerinnen und Schülern, die keinerlei praktische Verkaufserfahrung haben, erlauben, sich in die Situationen hineinzuversetzen.

Den verschiedenen Situationen liegt meist ein Verständnis zugrunde, das im Verkäufer einen Berater sieht, der eben nicht versucht, seinen Kunden mit allen Mitteln zu einem Kauf zu überreden, sondern der auf langfristige Zufriedenheit des Kunden zielt, auch wenn sein eigenes Ziel zunächst einmal der Verkauf ist.

Lösungsvorschläge

1

Die meisten Kunden suchen sofort das Weite, wenn sie mit solchen Aussagen konfrontiert werden. Im günstigsten Fall entsteht bei dem Kunden ein gewisses Mitgefühl für die Situation des Verkäufers. Dieses wird aber sicher nicht zum Abschluss des Vertrages führen.

2

Der Verkäufer könnte den Kunden zumindest bitten, die Gründe für seine Einschätzung zu nennen. Er darf dabei aber nicht so tun, als sei der Kunde im Begriff, einen fürchterlichen Fehler zu machen. Vielmehr muss er den Kunden ernst nehmen. Dazu gehört, dass der Verkäufer anerkennt, dass es eine vertretbare Möglichkeit ist, den Vertrag nicht abzuschließen. Wenn der Verkäufer darauf verzichtet, in irgendeiner Weise Druck auszuüben, erhält er vielleicht noch einmal die Chance, auf die Vorzüge seines Angebots hinzuweisen.

3

HINWEIS

Bei der induktiven Argumentation wird zwar aus verschiedenen Merkmalen ein allgemeiner Schluss abgeleitet, das heißt aber nicht, dass in der Argumentation diese Reihenfolge eingehalten werden muss. Oft ist es einleuchtender, zunächst das Fazit zu nennen und dann die Argumente (Fakten) nachzuliefern.

Individuelle Lösungen

Möglichkeit:
A Ansehen
(siehe Schülerband)

B Sicherheit
In puncto Sicherheit ist dieser Wagen kaum zu übertreffen. Die Karosserie ist besonders stabil und verfügt über erweiterte Knautschzonen, die im Fall eines Falles die Energie des Aufpralls abfangen können. Die Airbags und die Sicherheitsgurte sind auf dem neuesten Stand. Das sind High-Tech-Lebensretter, nicht bloß Alibis, um einen Strafzettel zu vermeiden. Dazu kommt die neueste Elektronik. Das Antiblockiersystem und das elektronische Stabilitätsprogramm sorgen dafür, dass Sie nie die Kontrolle über das Fahrzeug verlieren.

C Bequemlichkeit
Dieses Fahrzeug bietet jeden nur denkbaren Komfort. Die Sitze sind stufenlos verstellbar, sodass Sie sie an Ihre ganz persönlichen Bedürfnisse anpassen können. Der Bezugsstoff ist hautfreundlich und atmungsaktiv, sodass Sie im Sommer nicht ins Schwitzen kommen. Im Winter sorgt die Sitzheizung für angenehmen Komfort. Dazu kommt die Klima-Automatik, die die Temperatur im Innenraum konstant auf Ihrem persönlichen Wohlfühlwert hält. Angenehmer als in diesem Auto sitzen Sie nirgends.

D Sparsamkeit
Ich vermute, dass Sie sich wegen der Kosten dieses Wagens Gedanken machen. Natürlich scheint das auf den ersten Blick ein ganzer Batzen Geld zu sein, den Sie hier investieren müssen. Lassen Sie sich davon nicht abschrecken. Denken Sie an die Steuerersparnis, die Sie in den nächsten Jahren haben. Dazu kommen die Einsparungen durch den niedrigen Benzinverbrauch. Die Service-Intervalle sind erheblich größer als bei Ihrem alten Wagen. Auch das heißt Einsparungen in Cent und Euro. Wenn Sie jetzt immer noch nicht überzeugt sind, schauen Sie sich unser sensationelles Finanzierungsangebot an. Bei diesen Konditionen muss man einfach zugreifen.

4

Individuelle Lösungen

Möglichkeit:

a) Ware/ Dienstleistung	**b) Nutzen/Verkaufsargumente für Kundin 1 (Anette Müller)**	**b) Nutzen/Verkaufsargumente für Kunde 2 (Pedro Alveiro)**
Rechtsschutz-Versicherung	Mögliche Risiken aufzeigen: hohe Kosten bei rechtlichen Auseinandersetzungen	Versicherung als besonders clevere Möglichkeit, bei Konflikten Geld zu sparen; Man kann sich wehren, wenn man sich ungerecht behandelt fühlt usw.
Schuhe	Gesundheitlicher Aspekt: sicherer Halt, beugt Unfällen und Schäden vor; Öko-Schuhe ohne Verwendung von Leder oder anderen Tierprodukten	Exklusiv, edel, sehr teuer, dabei aber deutlich unter dem Normalpreis
Kreuzfahrt	Reisen mit Verantwortung (Ökologie), besonders sicher, gesundes Essen	Sehr feine und exklusive Art zu reisen, man wird in jeder Hinsicht verwöhnt, das Schiff ist ein technisches Wunderwerk
Geldanlage	Vorsorgeaspekt in den Vordergrund rücken (im Falle von Krankheit oder Arbeitslosigkeit hat man Reserven), sehr sicher	Anlage mit hoher Rendite, die nur für Leute infrage kommt, die sich trauen, Risiken auszuhalten, und die über viel Geld verfügen

5

Das Verhalten des Verkäufers ist davon geprägt, dass er seinen Ärger und seine fachliche Überlegenheit zum Ausdruck bringt. Im Hinblick auf sein Kommunikationsziel (beraten und verkaufen) ist dieses Gesprächsverhalten nicht klug. Die Kundin fühlt sich von dem ungeduldigen Verkäufer vielleicht persönlich angegriffen. Gut möglich, dass sie sich „rächt", indem sie seine Ware nicht kauft.

6

Individuelle Lösungen

PORTFOLIO

a) *Argumentation im Verkaufsgespräch, Kaufmotive, Eingehen auf die Kunden: Fassen Sie dazu die Erkenntnisse kurz zusammen, die Sie für besonders bedeutsam halten.*

- Ein Verkaufsargument, das für den Verkäufer gültig ist, braucht noch lange kein Kaufargument zu sein, das den Kunden überzeugt.
- Es gibt zwei grundlegende Argumentationsmuster: induktive und deduktive Argumentation.
- Im Verkauf ist die induktive Vorgehensweise wichtig, bei der aus verschiedenen Eigenschaften des Produkts dessen spezifische Qualität abgeleitet wird.
- Die Qualitäten des Produkts sind nur dann ein Verkaufsargument, wenn sie zu den individuellen Bedürfnissen der Kunden passen.
- Kaufmotive können sich von Person zu Person unterscheiden.
- In einem Beratungsgespräch kann es wichtig sein, die jeweils gültigen Kaufmotive zu ermitteln.
- In einem Rahmen, der durch die tatsächlichen Eigenschaften des Produkts vorgegeben ist, lässt sich die Argumentation auf die verschiedenen Kaufmotive zuschneiden.
- Wenn man auf die Einwände von Kunden reagiert, ist Fingerspitzengefühl gefragt.

b) *Notieren Sie Beobachtungen aus Ihrem Leben oder auch aus Büchern, Filmen usw., die zu diesen Erkenntnissen passen oder ihnen widersprechen.*
Erfahrungen mit guten oder schlechten Verkäufern

c) *Legen Sie fest, welche Konsequenzen Sie aus diesen Erkenntnissen für Ihr Handeln ziehen können.*

- Erkenntnisse als Verkäufer (z. B. bei ebay) nutzen
- Als Käufer kritisch sein

Präsentation – Bewertung, Planung, Durchführung

Anlage des gesamten Kapitels 3 + Fallstudien 1–3 – Inhalte und Fragestellungen

In dem Unterkapitel 3 A setzen sich die Schülerinnen und Schüler zunächst mit der Frage auseinander, wie eine Präsentation zu bewerten ist. Dieser Beginn bedarf der Begründung. Schließlich könnte man mit einigem Recht argumentieren, dass die Bewertung am Ende einer Unterrichtseinheit stehen müsse und nicht am Anfang. Hier dient die Frage, was eine gute Präsentation auszeichnet, als Einstieg in die Thematik. Es wird deutlich, welche Aspekte dabei in Betracht kommen und welche Anforderungen an eine Präsentation sich daraus ergeben.

Im Unterkapitel 3 B werden aus diesem Gesamtverständnis einzelne Planungsschritte abgeleitet. Es wird deutlich, dass beispielsweise über die Ziele einer Präsentation oder über die Rahmenbedingungen, unter denen sie stattfindet, Klarheit herrschen muss.

Unterkapitel 3 C beschäftigt sich mit der konkreten Durchführung einer Präsentation. Dabei geht es z. B. um das Auftreten der präsentierenden Person oder um Strukturierungshilfen, die diese Person beim Vortrag geben kann.

Die anschließenden Fallstudien 1–3 zeigen an einem konkreten Beispiel, wie eine Präsentation in einer konkreten beruflichen Situation aussehen kann. Einige Aspekte, die in den Unterkapiteln 3 A–C bereits behandelt wurden, können hier vertieft werden. Es gibt verschiedene Möglichkeiten, die allgemeinen Teile und die Fallstudien zu verknüpfen, vgl. dazu die Überlegungen an der entsprechenden Stelle in diesem Lehrerband (S. 39 f.). Dort finden Sie auch Anregungen, wie sich die Fallstudien auf andere Berufe übertragen lassen.

3 A Präsentation – Bewertungskriterien

Schülerband S. 19–22

Anlage des Unterkapitels 3 A – Inhalte und Fragestellungen
Um eine Präsentation bewerten zu können, braucht man Maßstäbe. Dazu gehört auch, dass das komplexe Geschehen einer Präsentation in kleinere „Einheiten" zerlegt wird, die isoliert beobachtet und bewertet werden können. Jeder analytische oder didaktische Umgang mit dem Thema der Präsentation unterscheidet verschiedene Gesichtspunkte (z. B. Blickkontakt, rhetorisches Geschick, Medieneinsatz usw.). Dabei liegt ein Problem häufig darin, dass die Bedeutung jedes einzelnen Punktes zwar einleuchtet, die Reihenfolge aber beliebig zu sein scheint, da der Zusammenhang unklar bleibt und sich die Liste jederzeit durch weitere wichtige Kriterien erweitern ließe (fachliche Kenntnisse, Kleidung, Sprechtempo usw.).

Das hier vorliegende Konzept löst diese Schwierigkeit, indem die gesamte Präsentationssituation zunächst unter Rückgriff auf eine weit verbreitete Theorie beschrieben wird. In Anlehnung an Friedemann Schulz von Thuns Vier-Seiten-Modell (Miteinander reden, Bd. 1, Reinbek bei Hamburg 1994) kann die Präsentation unter vier Aspekten betrachtet und bewertet werden:
- Persönliches Auftreten → Selbstkundgabe
- Informationsauswahl/Verständlichkeit → Sache
- Kontakt zum Publikum → Beziehung
- Wirkung → Appell

Da bei einer Präsentation die Sachinformation immer eine besondere Rolle spielt, wird dieser Aspekt noch einmal untergliedert. Diese weitere Untergliederung orientiert sich an Untersuchungen zur Verständlichkeit von Texten (vgl. Langer, I., Schulz von Thun, F., und Tausch, R.: Sich verständlich ausdrücken. München 1981 (2. überarbeitete Auflage)).

So wird die reine Aufzählung von Gesichtspunkten ersetzt durch eine systematisch komplette Darstellung der Präsentation, bei der alle relevanten Faktoren erfasst sind, die aber trotzdem einfach und übersichtlich bleibt.
Dabei liegt dem gesamten Konzept ein Verständnis von Präsentation zugrunde, wonach sich diese von einem reinen Fachvortrag oder Referat dadurch unterscheidet, dass die Übermittlung von Information zwar die Grundlage ist, dass damit aber eine Wirkung angestrebt wird, die über die reine Information hinausgeht.
Der Maßstab, der an jeden Aspekt angelegt wird, ist die Frage, ob das Vorgehen der Zielgruppe und dem Ziel der Präsentation angemessen ist.

Die Schüler/-innen machen sich mit diesen verschiedenen Aspekten und mit deren Bewertung vertraut, indem sie die theoretische Darstellung auf Aussagen über Präsentationen beziehen bzw. sich eigene Beispiele überlegen. Damit liegen die Ziele dieses Unterkapitels vor allem darin, Präsentationen verstehen und die notwendigen Anforderungen erfüllen zu können.

Lösungsvorschläge

1

Individuelle Lösungen

2 – 3

2 Eindrücke bei einer Präsentation	Merkmale einer gelungenen Präsentation	3 Merkmale einer nicht gelungenen Präsentation
A	Unterhaltsame Elemente (Show) können eine Präsentation auflockern. Sie dürfen aber nicht dazu führen, dass der Vortrag in einer beruflichen Situation als nicht seriös gilt („Kindergeburtstag").	Es kann zu einer negativen Bewertung der Präsentation kommen, da das Auftreten des Präsentierenden (Selbstkundgabe) zu sehr Showcharakter hat und deshalb zu wenig authentisch ist. Damit wird auch die Beziehung zum Publikum schwierig, da sich dieses nicht in gebührender Weise wahrgenommen fühlt.
B	Der Redner muss sich um sein Publikum kümmern (Blickkontakt).	Der Kontakt zum Publikum (Beziehung) ist nicht so, wie er sein soll. Das Publikum fühlt sich nicht wahrgenommen.
C	Der Redner muss glaubhaft vermitteln, dass er das, was er vorträgt, wirklich durchdrungen und verstanden hat.	Selbstkundgabe: Wenn der Redner nicht als kompetenter Fachmann in Erscheinung tritt, schmälert das die Wirkung der Präsentation.
D	Die Präsentation sollte beim Publikum eine bestimmte Wirkung hervorrufen, die vom Redner beabsichtigt ist, z. B. die Veränderung oder Bestätigung einer Einstellung oder Einschätzung.	Unter dem Gesichtspunkt Wirkung/ Appell erreicht die Präsentation nicht ihr Ziel, da sie nicht überzeugend ist.
E	Die vortragende Person sollte den Eindruck hervorrufen, dass ihr die Präsentation und deren Wirkung auf das Publikum wichtig sind.	Aspekt Selbstkundgabe: Redner/-in zeigt keine innere Anteilnahme.
F	Der Redner sollte den Respekt vor dem Publikum dadurch zum Ausdruck bringen, dass er es nicht zu deutlich in eine Richtung drängt.	Aspekt Wirkung: Die werbende Komponente ist unangemessen groß, Publikum fühlt sich überrumpelt. Dadurch wird auch die Beziehung zum Publikum problematisch.

4

A Beachten Sie, dass im Publikum unter Umständen Zuhörer/-innen mit unterschiedlichen Vorkenntnissen sitzen können. Diese empfinden den Schwierigkeitsgrad der Präsentation entsprechend unterschiedlich. Der – nicht ganz einfach umsetzbare – Anspruch ist, dass auch Menschen ohne spezielle Vorkenntnisse Ihrer Darstellung zumindest in groben Zügen folgen können.

B Eine klare Gliederung hilft Ihrem Publikum dabei, sich in dem Vortrag zurechtzufinden. Dazu gehört auch, dass der rote Faden erkennbar bleibt und dass das Publikum von vornherein weiß, was es erwartet.

C Achten Sie darauf, dass die Fachbegriffe, die Sie verwenden, unter Umständen nicht von allen verstanden werden. Dadurch wird der Vortrag unangemessen schwierig. Vermeiden Sie diese Begriffe oder erklären Sie sie.

D Vermeiden Sie Informationen, deren Zusammenhang mit dem Thema oder deren Bedeutsamkeit vom Publikum nicht durchschaut werden können. Ihr Vortrag sollte nicht zu ausführlich sein.

E Versetzen Sie sich in Ihr Publikum hinein und beachten Sie dessen Vorkenntnisse. Dazu gehört, dass Sie Dinge, die bereits bekannt sind, nicht noch einmal langatmig erklären. Zumindest sollten Sie ansprechen, dass es um Informationen geht, die bereits in anderen Zusammenhängen genannt wurden.

5

Individuelle Lösungen

6

Individuelle Lösungen

PORTFOLIO

a) *Fassen Sie kurz zusammen, was für Sie bei der Bewertung einer Präsentation bedeutsam ist, und begründen Sie Ihre Erkenntnisse.*

- Bei einer Präsentation kommt es nicht nur auf die Sachinformation an, sondern auch auf andere Aspekte.
- Das persönliche Auftreten des Redners ist ein wichtiger Aspekt.
- Die Wirkung einer Präsentation sollte über die reine Information hinausgehen.
- Die Beziehung zu den Zuhörern soll beachtet werden, z. B. indem man deren Interessen anspricht.
- Bei der Information müssen die Voraussetzungen und Vorkenntnisse des Publikums berücksichtigt werden.
- Inhaltlich und sprachlich sollte sich der Redner an seiner Zielgruppe und an seinem Kommunikationsziel orientieren.
- Die Orientierung an der Zielgruppe kann dadurch erschwert werden, dass Menschen mit unterschiedlichen Interessen und Vorkenntnissen im Publikum sitzen.

b) *Notieren Sie Beobachtungen aus Ihrem Leben oder auch aus Büchern, Filmen usw., die zu diesen Erkenntnissen passen oder ihnen widersprechen.*

- Hier könnte von besonders guten oder besonders schlechten Präsentationen berichtet werden, die man in unterschiedlichen Zusammenhängen miterlebt hat.
- Der Film „Eine unbequeme Wahrheit" zeigt eine sehr gelungene Präsentation von Al Gore zum Klimawandel.

c) *Legen Sie fest, welche Konsequenzen Sie aus diesen Erkenntnissen ziehen können.*
Individuelle Lösungen

3 B Präsentation – Vorbereitung und Planung

Schülerband S. 23–27

Anlage des Unterkapitels 3 B – Inhalte und Fragestellungen
In diesem Unterkapitel befassen sich die Schüler/-innen mit Fragen, die sich bei der Vorbereitung einer Präsentation stellen. Dazu gehören die Unterschiede zwischen einer Präsentation und einem Fachvortrag und den Zielen, die sich daraus für die Präsentation ergeben. Es wird auch die Rolle der Rahmenbedingungen angesprochen und überlegt, welchen Zusammenhang es zwischen der Qualität einer Präsentation und dem Erreichen des Ziels der Präsentation gibt.

Ein wichtiger Planungsaspekt ist die Frage, welche Informationen ausgewählt werden sollen und wodurch die Präsentation schwierig bzw. einfach zu verstehen ist. Wie die Visualisierung und der Medieneinsatz aussehen sollen, ist eine weitere Frage, die in diesem Unterkapitel gestellt wird.

Lösungsvorschläge

1

Im Hinblick auf die Inhalte, also dem, was vorgestellt wird, gibt es keine Unterschiede zwischen einer Präsentation und einem Referat bzw. Fachvortrag. Bei den Bestandteilen könnte man sagen, dass die visuellen Komponenten bei Präsentationen in der Regel stärker betont werden als bei einem Referat bzw. Fachvortrag. Das hängt aber vom Einzelfall ab. Bei den Rahmenbedingungen fällt auf, dass bei einer Präsentation die Voraussetzungen des Publikums berücksichtigt werden müssen. Das gilt zwar eigentlich auch für ein gutes Referat bzw. einen guten Fachvortrag, so sehen das aber nicht alle Referenten. Die deutlichsten Unterschiede lassen sich bei den Zielen erkennen. Bei Fachvorträgen bzw. Referaten geht es in der Regel um reine Informationsvermittlung, bei Präsentationen sind die Informationen oft Mittel zu einem anderen Zweck.

2

➜ *Siehe Kopiervorlage (Formblatt, S. 44)*

Situation	**Was** wird präsentiert?	**Hauptinhalt**	Mit welchem **Ziel** wird präsentiert?
A	*Gemüsehobel*	*Informieren über Vorzüge des Produkts*	*verkaufen*
B	Vorgesetzter präsentiert sich selbst.	Überzeugungen (z. B. „Man kann nur gut arbeiten, wenn man sich wohlfühlt."), Pläne („Ich habe vor, flexible Arbeitszeiten einzuführen."), Zielsetzung („In drei Jahren soll sich der Umsatz verdoppelt haben.").	Mitarbeiter/-innen sollen ihn akzeptieren und überzeugt werden, dass er der Richtige für die Position ist usw.

Situation	**Was** wird präsentiert?	**Hauptinhalt**	Mit welchem **Ziel** wird präsentiert?
C	Bewerberin präsentiert sich selbst.	Bestimmte Kenntnisse (z. B. Programmiersprachen), Interessen (z. B. am Kontakt mit Kunden) oder Charaktereigenschaften (z. B. Zuverlässigkeit) hervorheben	Eignung unter Beweis stellen, um die Stelle zu bekommen
D	Vorschläge, Ideen	Wie könnte der Aufenthaltsraum gestaltet werden? Kosten und Nutzen der Neugestaltung	Betriebsleitung überzeugen, dass das Konzept umgesetzt werden sollte
E	*Individuelle Lösungen*	*Individuelle Lösungen*	*Individuelle Lösungen*

3

→ *Siehe Kopiervorlage (Formblatt, S. 45)*

HINWEIS

Die Erkenntnis, dass Erfolg oder Misserfolg einer Präsentation weder direkte Rückschlüsse auf deren Qualität noch auf die Güte des präsentierten Gegenstands zulassen, ist wichtig und sollte verinnerlicht werden. Sie kann zu einer Entlastung führen, etwa wenn man die kränkende Erfahrung macht, dass eine Bewerbung um eine Stelle abgelehnt wurde. Unter Umständen ist es eine Fehleinschätzung, wenn man die Schuld dafür bei sich selbst sucht. Möglicherweise stand schon fest, wer die Stelle bekommen sollte, bevor die eigene Bewerbung überhaupt geschrieben war.
Andererseits sollte man sich bei einer Präsentation so anstrengen, als ob das Ergebnis einzig davon abhinge.

Situation	a) Ziel	b) Rahmenbedingungen, die das Erreichen des Ziels sehr wahrscheinlich machen, selbst bei schlechter Präsentation	c) Rahmenbedingungen, bei denen das Erreichen des Ziels von der Qualität der Präsentation abhängt	d) Rahmenbedingungen, die das Erreichen des Ziels sehr unwahrscheinlich machen, selbst bei sehr guter Präsentation
A	*Verkaufen*	– *Kunde braucht ganz dringend ein solches Gerät,* – *er sucht seit Längerem nach genau diesem Gemüsehobel.*	*Kunde interessiert sich im Prinzip für einen neuen Gemüsehobel, er muss aber von dessen Vorzügen überzeugt sein.*	– *Kunde hat keine Küche und braucht keine Küchengeräte,* – *er hat bereits einen ausgezeichneten Gemüsehobel,* – *er hat kein Geld.*

Situation	a) Ziel	b) Rahmenbedingungen, die das Erreichen des Ziels sehr wahrscheinlich machen, selbst bei schlechter Präsentation	c) Rahmenbedingungen, bei denen das Erreichen des Ziels von der Qualität der Präsentation abhängt	d) Rahmenbedingungen, die das Erreichen des Ziels sehr unwahrscheinlich machen, selbst bei sehr guter Präsentation
B	Vorgesetzter möchte von seinen Mitarbeiterinnen und Mitarbeitern akzeptiert werden.	Vermutlich wäre es für ihn bereits ein gewonnenes Spiel, wenn er sehnsüchtig erwartet würde, weil die Zustände chaotisch sind und alle Hoffnungen auf ihm ruhen.	Wenn die Mitarbeiter/-innen unbelastet und offen ein Urteil fällen wollen, kommt es auf die Präsentation an, auch wenn man in diesem Falle zugestehen muss, dass ein am ersten Tag gefälltes Urteil im Lauf der Zeit natürlich revidiert werden kann.	Wenn der neue Vorgesetzte in eine Abteilung kommt, in der die Mitarbeiter/-innen alle hinter seiner Vorgängerin stehen, die sich noch mit juristischen Mitteln gegen ihre Kündigung wehrt, und die die Neuvergabe der Stelle für eine große Ungerechtigkeit halten, wird es ihm auch bei brillantem Auftritt nicht gelingen, die Mitarbeiter/-innen für sich zu gewinnen.
C	Die Stelle bekommen	Die Stellenbewerberin wird in jedem Fall erfolgreich sein, wenn sie keine Konkurrenten hat und ganz dringend jemand gebraucht wird.	Wenn das Verfahren dagegen wirklich offen ist, d. h., wenn sie infrage kommt, aber Konkurrenz hat, dann kommt es auf die Qualität der Präsentation an.	Sie wird keinen Erfolg haben, wenn die Stelle unter der Hand bereits vergeben ist oder wenn sie nicht die nötigen Voraussetzungen mitbringt.
D	Betriebsleitung überzeugen, dass das Konzept umgesetzt wird	Wenn die Umgestaltung des Aufenthaltsraums ganz dringend erfolgen muss, z. B. weil es eine entsprechende Absprache mit dem Betriebsrat gibt oder weil das eine Auflage ist, die bei einer Betriebsinspektion gemacht wurde, und wenn es zu dem vorgestellten Konzept keine Alternative gibt, dann wird es in jedem Fall umgesetzt werden.	Wenn die Vorstellungen der Arbeitsgruppe ernsthaft für eine Umsetzung in Betracht kommen und es dazu aber durchaus Alternativen gibt, dann kommt es auf die Qualität der Präsentation an.	Wenn bereits klar ist, dass eine Umgestaltung des Aufenthaltsraums aus finanziellen Gründen nicht infrage kommt oder dass ein anderes Konzept ausgewählt wurde, dann hat die Qualität der Präsentation keinen Einfluss mehr auf die Entscheidung.
E	*Individuelle Lösungen*	*Individuelle Lösungen*	*Individuelle Lösungen*	*Individuelle Lösungen*

4

→ *Siehe Kopiervorlage (Formblatt, S. 46)*

Präsentierte Information	**Aspekt Appell** (angestrebte Wirkung auf das Publikum)	
	Einstellungsänderung	**Handlung/verändertes Verhalten**
A	*Siehe Schülerband*	*Siehe Schülerband*
B	AIDS soll als reale Gefahr begriffen werden, die jede einzelne Schülerin betreffen kann. Die Schülerinnen sollen wissen, wie man sich schützen kann.	Die Schülerinnen sollen vorsichtig sein und Kondome verwenden.
C	Der Arzt soll einsehen, dass es sich um ein gutes Produkt handelt.	Der Arzt soll seinen Patienten das Produkt empfehlen.
D	Die Betriebsleitung soll erkennen, dass die Rollladensteuerung gut ist und neue Möglichkeiten bietet.	Die Betriebsleitung soll die Weiterentwicklung der Steuerung zur Serienreife fördern und sie dann auf den Markt bringen.
E	Die Politiker sollen die Vorzüge des Atomstroms erkennen.	Sie sollen bei Ihrer zukünftigen Energiepolitik auf Atomstrom setzen.
F	Die Politiker sollen für die Risiken der Atomkraft sensibilisiert werden.	Sie sollen künftig auf Atomstrom verzichten.

5

→ *Siehe Kopiervorlage (Formblatt, S. 47)*

Situation	**Information**	**Appell**
A	*Siehe Schülerband*	*Siehe Schülerband*
B	Negative Auswirkungen von fleischreicher Kost bzw. positive Auswirkungen von fleischarmer Kost auf Gefäße, Blutdruck usw.	Esst weniger Fleisch, dafür mehr Gemüse!
C	Verkehrsprobleme ohne die Umgehungsstraße, positive Auswirkungen der Umgehungsstraße.	Baut die Umgehungsstraße!
D	Schönheit, Qualität und Tragekomfort der neuen Kollektion wird vorgestellt. Es wird deutlich gemacht, dass die Kleider dem aktuellen Trend entsprechen.	Kaufen Sie die Kleider!
E	Der Bewerber informiert über seine Qualitäten. Er ist motiviert, charakterstark, kompetent usw.	Stellen Sie mich ein!

6

Würde sich Frau König an ihren Adressaten orientieren, so müsste sie über die Lage der Auszubildenden sprechen, über Schwerpunkte der Ausbildung, über Chancen und mögliche Probleme. Vor allem würden sich die Eltern gerne bestätigen lassen, dass es richtig war, einen Ausbildungsvertrag bei dieser Versicherung abzuschließen. Außerdem hätten sie sicher gerne das Gefühl, dass man sich gut um ihre Kinder kümmert. Ein möglicher Appell, an dem sich die Auswahl der Informationen orientiert, könnte lauten: Reden Sie Ihren Kindern ins Gewissen, dass sie das Beste aus dieser Chance machen oder Ähnliches. Tatsächlich redet Frau König über alles, was ihr gerade einfällt: das Versicherungswesen im Allgemeinen, die Architektur des Gebäudes, das Ansehen von Versicherungen in der Öffentlichkeit, das Versicherungsgeschäft früher und heute usw. Was sie sagt, ist von ihrem eigenen Mitteilungsdrang geprägt, nicht von den Interessen ihrer Zuhörer: eine „Todsünde", die zu sterbenslangweiligen Vorträgen führt.

7

➜ *Siehe Kopiervorlage (Formblatt, S. 48)*

Merkmal	**a) leicht zu verstehender Vortrag**		**b) schwer zu verstehender Vortrag**	
	Eigenschaften	**Beispiel**	**Eigenschaften**	**Beispiel**
A Vorausgesetztes Wissen	*Wenige Kenntnisse werden vorausgesetzt.*	*„Ich erkläre kurz, was Kohlenhydrate sind."*	*Viele Kenntnisse werden vorausgesetzt.*	*„Leicht verdauliche Kohlenhydrate können zu reaktiver Hypoglykämie führen ..."*
B Vorausgesetzte Fähigkeiten	Wenige Fähigkeiten (z. B. Fremdsprachen, Programmiersprachen usw.) werden vorausgesetzt.	„Der Lateiner sagt: ‚Ora et labora!' Das heißt ‚Bete und arbeite.'"	Viele Fähigkeiten werden vorausgesetzt.	„Ich zeige Ihnen hier, wie das C-Programm aussieht, mit dem man die Microcontroller ansteuert."
C Fachausdrücke/ Fremdwörter	Wenige Fachausdrücke und Fremdwörter: Die verwendeten Fachausdrücke und Fremdwörter werden erklärt.	„Wir brauchen eine umfassende Konzeption, also einen Gesamtplan, bei dem alle Bestandteile zusammenpassen."	Viele Fachausdrücke und Fremdwörter, die nicht erklärt werden.	„Statt eines rein additiven Patchworks diverser singulärer Maßnahmen brauchen wir eine integrative Gesamtkonzeption."
D Abstraktionsniveau (allgemein und theoretisch oder konkret und praktisch?)	Niedriges Abstraktionsniveau	„Der Bewegungsmelder ist so eingestellt, dass er Alarm gibt, wenn ein Einbrecher den Raum betritt, nicht aber, wenn ein Staubkorn von der Decke fällt."	Hohes Abstraktionsniveau	„Die Sensoren reagieren auf Bewegungen, die oberhalb Ihrer Wahrnehmungsschwelle liegen, indem Sie den Impuls auslösen."

Merkmal	a) leicht zu verstehender Vortrag		b) schwer zu verstehender Vortrag	
E Art des Satzbaus/Länge der Sätze	Einfacher Satzbau (parataktisch), kurze Sätze	„Der Einbrecher schlägt die Scheibe ein, der Impulsgeber spricht an, die Alarmleitzentrale erhält die Meldung ‚Einbruch'."	Komplizierter Satzbau (hypotaktisch), lange Sätze	„Die Meldung an die Alarmleitzentrale, welche rund um die Uhr besetzt ist, was zwar erheblich zur Sicherheit beiträgt, aber auch die Kosten steigert, erfolgt dann, wenn einer der Impulsgeber, die schwerpunktmäßig dort angebracht sind, wo …"
F Art des Vortrags (Lautstärke, Sprechtempo, Betonung)	laut, langsam, deutlich		leise, schnell, undeutlich	

8

Die Ausführlichkeit einer Präsentation sollte abhängen von	Erläuterung
1 dem Vorwissen des Publikums,	Wenn kein Wissen vorhanden ist, muss ein Sachverhalt ausführlich dargestellt werden, wenn Wissen da ist, entsprechend knapper.
2 (dem Wissen der vortragenden Personen,)	Vom Wissen der vortragenden Person hängt die Ausführlichkeit zwangsläufig auch ab, nämlich insofern, als diese Person nur das darstellen kann, was sie weiß. Andererseits darf es nicht so sein, dass ein Sachverhalt nur deshalb ausführlich dargestellt wird, weil die vortragende Person viel darüber weiß, sich dafür interessiert, den Drang hat, mit den eigenen Kenntnissen zu glänzen, andere zu belehren usw.
4 der Zeitvorgabe,	Das gehört zu den Rahmenbedingungen im Hinblick auf die Ausführlichkeit.
6 dem Ziel, das mit der Präsentation verfolgt wird,	Neben dem, was das Publikum wissen möchte, ist auch noch bedeutsam, was es wissen muss, damit die Ziele der Präsentation erreicht werden. Wenn beispielsweise verdeutlicht werden soll, dass ein Alarmsystem besser ist als ein anderes, kann es erforderlich sein, auf einige Details in der Technik einzugehen, um dies überzeugend zu vermitteln, auch wenn diese Details zunächst nicht unbedingt den Interessen des Publikums entsprechen.
7 den Interessen des Publikums, 9 den Wünschen des Publikums.	Wenn das Publikum zu einem bestimmten Punkt viel wissen möchte, sollte ihm dieses Wissen nicht vorenthalten werden.

9

a) *Individuelle Lösungen*

b)
→ *Siehe Kopiervorlage (Formblatt, S. 49)*

Technische Möglichkeit der Visualisierung	Beispiel für den Einsatz	Vorzüge	Mögliche Probleme
A Pinnwand	*Illustration von Zusammenhängen*	*Lässt sich vorbereiten, aber auch während der Präsentation verändern (Anbringen neuer Kärtchen)*	*Eventuell schlechte Lesbarkeit in größeren Räumen*
B Flipchart	Tagesordnung, Sammlung von Punkten, die sich in der Diskussion ergeben.	Visualisierung kann zur Dokumentation aufbewahrt werden.	Übersicht geht durch das Vor- und Zurückblättern verloren.
C Tafel	Vorbereitete Tafelbilder oder Skizzen, die während des Vortrags entstehen.	Sehr einfach und unkompliziert im Einsatz.	Eventuell schlechte Lesbarkeit, z. B. bei ungünstiger Handschrift.
D Whiteboard	Analoges Whiteboard wie Tafel + Anpinnen von Magneten.	Vielseitig nutzbar.	Möglichkeiten der Darstellung sind begrenzt.
E Laptop	Vorspielen von Video- und Audiodateien, Powerpoint usw.	Sehr vielseitig nutzbar.	Ohne Beamer schlechte Lesbarkeit bei größeren Gruppen, Störungsanfälligkeit, Technik kann zu sehr in den Mittelpunkt treten.
F Beamer	Siehe Laptop.	Sehr viele Möglichkeiten.	Störungsanfällig, eventuell schlechte Sichtverhältnisse, präsentierende Person tritt in den Hintergrund.

10

a) Es ist unschwer zu erkennen, dass die erste Folie vollkommen misslungen ist, weil hier die Grundsätze für die grafische Gestaltung von Folien nicht beachtet wurden. Die zweite Folie dagegen ist schlicht und unaufdringlich, setzt gestalterische Akzente sehr sparsam ein und erfüllt gerade deshalb ihren Zweck. Die Fehler, die bei der ersten Folie gemacht wurden, kommen häufig vor. Man möchte die Möglichkeiten, die der Computer bietet, ausschöpfen und nimmt an, dass das Ergebnis mit jeder optischen Besonderheit, die man einbaut, besser wird.

b) *Individuelle Lösungen*

11

Fall A
Hier stehen die Urlaubsbilder in keinem Zusammenhang zu den Inhalten des Vortrags. Folglich handelt es sich nicht um eine Visualisierung von wichtigen Inhalten, die im Dienste der Verständlichkeit des Vortrags steht, sondern um optische Reize, die das Publikum vom Thema Steuerrecht ablenken, anstatt es dafür zu interessieren.

Fall B
Hier werden Sachverhalte visualisiert, die der Visualisierung nicht bedürfen. Etwas anderes wäre es, wenn mit der Visualisierung (z. B. Foto von Sportanlagen) konkrete Informationen verbunden wären, etwa über die verschiedenen Sportmöglichkeiten, die Wanderwege usw. Die Visualisierung, wie sie von dem Sprecher des Urlaubsortes durchgeführt wird, könnte Interessenten vor den Kopf stoßen, weil sie so simpel und aufdringlich ist. Anders verhält es sich, wenn die Darbietung einen humoristischen Charakter hat. Aber auch dann bestünde die Gefahr, dass Interessenten, die an einen kultivierten Urlaub denken, sich davon eher abgestoßen fühlen.

Fall C
Eine animierte Bildschirmpräsentation kann sehr beeindruckend sein. Es besteht allerdings – wie in diesem Beispiel – die Gefahr, dass die gesamte Kommunikation mit dem Publikum von der Technik überlagert wird. Der Vortragende, der als Gewährsmann zwischen dem Publikum und der dargebotenen Information steht, spielt für die Wirkung einer Präsentation eine große Rolle. In dem vorliegenden Fall tritt der Technikerschüler völlig hinter die Bildschirmpräsentation zurück.

Fall D
Herr Hildebrandt dürfte mit seiner Demonstration die Mitarbeiter wohl kaum überzeugen. Die Vorführung zeigt, was mit einem Schiffchen im Aquarium geschieht, wenn zu viele Kieselsteine im Boot sind, sie macht aber keine nachvollziehbaren Aussagen über die Situation in der Firma. Es ist stattdessen so, dass die Mitarbeiter sich durch diese Darbietung veralbert und nicht ernst genommen fühlen. Der Konflikt dürfte sich also eher verschärfen.

PORTFOLIO

a) *Fassen Sie zusammen, was für Sie bei der Vorbereitung und Planung einer Präsentation das Wichtigste ist. Beschreiben Sie auch, wo Sie die größten Probleme sehen.*
- Eine Präsentation enthält immer einen informativen Kern, die vortragende Person versucht aber auch, ihr Publikum in ihrem Sinne zu beeinflussen.
- Darin liegt der wichtigste Unterschied zu einem Referat oder Fachvortrag, bei dem die werbende Komponente weniger ausgeprägt ist.
- Der Erfolg oder Misserfolg einer Präsentation ist oft auf die Rahmenbedingungen zurückzuführen und lässt keine direkten Rückschlüsse auf die Qualität der Präsentation zu.
- Bei der Planung muss man genau überlegen, welche Informationen dazu geeignet sind, um die Einstellungen und Handlungsweisen des Publikums im eigenen Sinne zu beeinflussen.
- Die Auswahl der Informationen sollte sich an der Situation des Publikums und dem eigenen Ziel orientieren, nicht am eigenen Mitteilungsbedürfnis.
- Visualisierung ist ein wichtiger Aspekt von Präsentationen.
- Die Visualisierung muss sich aber am Publikum und an der Situation orientieren und darf nicht zu aufdringlich oder plump sein.

b) *Notieren Sie Beobachtungen aus Ihrem Leben oder auch aus Büchern, Filmen usw., die zu diesen Erkenntnissen passen oder ihnen widersprechen.*
Individuelle Lösungen

c) *Legen Sie fest, welche Konsequenzen Sie aus diesen Erkenntnissen ziehen können.*
Individuelle Lösungen

3 C Präsentation – Durchführung

Schülerband S. 28–31

Anlage des Unterkapitels 3 C – Inhalte und Fragestellungen
In diesem Unterkapitel befassen sich die Schülerinnen und Schüler mit Fragen, die sich bei der Durchführung einer Präsentation stellen. Dazu gehört die Frage, wie die vortragende Person auftreten sollte, um die Wirkung der Präsentation zu begünstigen. Auch der Kontakt zum Publikum, der während der Präsentation durch konkrete Handlungen aufgebaut wird, rückt in das Blickfeld. Es wird auch untersucht, wie die präsentierende Person auf ein heterogenes Publikum reagieren sollte, das über unterschiedliche Vorkenntnisse und Interessen verfügt.
Schließlich soll herausgearbeitet werden, wie es gelingen kann, dass die Struktur eines Vortrags für das Publikum deutlich wird und der „rote Faden" immer sichtbar bleibt.
Im Hinblick auf diese Fragestellungen soll das Verständnis und die Wahrnehmung der Schüler/-innen gefördert und geschärft werden, sie sollen ihre Erkenntnisse aber auch immer wieder in konkreten Übungen anwenden und erproben.

Lösungsvorschläge

1

A Der Eindruck, den die Rednerin macht, dürfte die Wirkung der Präsentation positiv beeinflussen. Sie erscheint fachkompetent und gewissenhaft. Dass sie etwas nervös ist, dürfte die Erfolgsaussichten ihres Auftritts nicht schmälern. Dadurch wird eigentlich nur deutlich, dass ihr die Angelegenheit wichtig ist.

B Anders sieht es bei diesem Redner aus. Seine Selbstsicherheit wirkt hier arrogant und führt dazu, dass die Zuhörer/-innen eine innere Distanz zu ihm aufbauen. Diese negative Wirkung wird dadurch verstärkt, dass man den Eindruck haben kann, dass der Redner zu Unrecht von sich selbst überzeugt ist, da er inhaltlich nicht souverän wirkt.

C Auch dieser Redner wirkt negativ auf das Publikum und verringert damit die Erfolgsaussichten seiner Präsentation. Seine äußere Erscheinung und der Zustand seiner Materialien führen zu dem Eindruck, dass er ungepflegt und nachlässig ist. Dazu kommt der Eindruck von Überheblichkeit, die sein Verhalten gegenüber dem Publikum hervorruft.

HINWEIS

Das, was als **persönliche Eigenschaften** der präsentierenden Person wahrgenommen wird, bestimmt das Bild, das man sich von dieser Person macht. Davon hängt es ab, ob man dieser Person vertraut oder ob man alles, was sie sagt, mit Skepsis betrachtet. Der Eindruck, den man von der Persönlichkeit des Vortragenden bekommt, ist auch dafür verantwortlich, ob man diesen Menschen sympathisch findet oder nicht. Diese gefühlsmäßige Einstellung zu der vortragenden Person kann wiederum großen Einfluss auf die Beurteilung der präsentierten Informationen und auf die Reaktion auf den damit verbundenen Appell haben.

Das **Verhältnis zum Thema** ist besonders wichtig. Es schmälert die Erfolgsaussichten einer Präsentation erheblich, wenn der Eindruck entsteht, dass sich der Vortragende gar nicht für sein Thema interessiert, dass er sich damit nicht auskennt und dass er schlecht vorbereitet ist. Der Vortragende wird nur dann als Gewährsmann akzeptiert, wenn er sich selbst als sachkundig, gut vorbereitet und engagiert darstellen kann.
Die **gegenwärtige Verfassung** der Rednerin/des Redners, also der Zustand, der allein auf die gegenwärtige Situation zurückzuführen ist, ist vermutlich der am wenigsten wichtige Teil des Aspekts Selbstkundgabe. Diese Einschätzung steht im Widerspruch zu den Befürchtungen von Schüler/-innen, dass ihre gesamte Präsentation deshalb misslingen werde, weil sie sicher nervös und aufgeregt seien. Wenn klar ist, dass die Aufgeregtheit sich auf die Situation bezieht, dass der oder die Vortragende ansonsten gut vorbereitet und kenntnisreich ist, nimmt das Publikum dies nicht übel. Es ist im Gegenteil so, dass durch diese Aufgeregtheit auch vermittelt wird, dass man die Situation ernst nimmt und dass man das Publikum schätzt. Dies wirkt viel besser, als wenn „coole" Gleichgültigkeit zur Schau gestellt wird, die leicht überheblich wirkt.

2

➜ Siehe Kopiervorlage (Formblatt, S. 50)
Individuelle Lösungen

3

a) Die Beziehung ist von Claras Unsicherheit geprägt. Sie hat richtiggehend Angst vor ihren Zuhörern, fühlt sich unwohl und bloßgestellt. Dies gilt besonders, als Rolf ihr eine Frage stellt. Clara möchte nur ihr Programm abspulen, um möglichst schnell wieder aus dem Rampenlicht zu kommen. Dabei ist die Distanz zwischen ihr und ihrem Publikum sehr groß. Auch für die Zuhörer/-innen ist diese Art von Beziehung nicht angenehm, da sie sich überhaupt nicht wahrgenommen fühlen.

b) Freddy Schmölzer zieht eine Show ab. Er spielt mit seinem Publikum. Dabei spricht er einzelne Zuhörer/-innen, aber auch Passanten, gezielt an, um ihre Aufmerksamkeit zu gewinnen oder zu erhalten. Die Distanz zwischen Schmölzer und seinem Publikum ist sehr gering. Schmölzer macht Scherze auf Kosten einzelner Zuhörer/-innen.

Vorteile: Schmölzer führt eine regelrechte Zwiesprache mit seinem Publikum. Er berücksichtigt dessen Reaktionen und spricht einzelne Zuhörer/-innen direkt an. Dadurch ist sein Vortrag kurzweilig, teilweise auch amüsant.
Nachteile: Schmölzer stellt einzelne Zuhörer/-innen bloß, um auf deren Kosten Witze zu machen. Er verliert völlig die Distanz, redet mögliche Kunden mit Du an usw. Seine Scherze werden von vielen sicher als geschmacklos angesehen, da sie sie meist „unter die Gürtellinie" gehen. Seine Verkaufsmethode ist ausgesprochen aufdringlich. Die Informationen über sein Produkt treten in den Hintergrund. Es geht vor allem um Spektakel und Show.
Schmölzers Verhalten ist vielleicht gerade noch zu akzeptieren, weil das Ganze auf dem Hamburger Fischmarkt stattfindet. Hier rechnen die Leute mit einer derart aggressiven Verkaufsshow. Es handelt sich eben nicht nur um einen normalen Markt, sondern um eine Touristenattraktion. Überall dort, wo es um Seriosität geht, und darum sollte es im Geschäftsleben eigentlich immer gehen, steht nicht der Unterhaltungswert einer Darbietung, sondern ihr Informationsgehalt im Mittelpunkt.

4

Individuelle Lösungen

5

➜ *Siehe Kopiervorlage (Formblatt, S. 51)*

Verhaltensweise	**Wirkung auf das Publikum**
A Rolf begrüßt die Zuhörer herzlich.	*Publikum fühlt sich wohl, ist freundlich gestimmt.*
B Rolf hält meistens Blickkontakt zu den Zuhörern und lächelt in die Runde.	Jeder Einzelne fühlt sich angesprochen. Es entsteht eine freundliche Atmosphäre.
C Rolf geht auf Reaktionen im Publikum ein. „Ich habe den Eindruck, das ist noch nicht ganz klar. Vielleicht probiere ich es mit noch einem Beispiel!"	Das Publikum wird zum Mitdenken motiviert. Man gewinnt den Eindruck, dass dem Vortragenden wirklich etwas daran liegt, dass er verstanden wird.
D Rolf thematisiert die Situation seiner Zuhörer: „Sie als Informationstechniker wissen natürlich, dass …"	Zuhörer fühlen sich beachtet und respektiert.
E Rolf nimmt mögliche Fragen vorweg: „Sie werden sich wahrscheinlich fragen: Warum dieser ganze Aufwand?"	Wenn man mögliche Fragen anspricht, erleichtert das die Aufnahme der Antworten. Das Ansprechen möglicher Einwände wirkt entwaffnend.
F Rolf spricht Bedürfnisse und Interessen seines Publikums an: „Ich nehme an, dass einige hier weniger an den technischen Details interessiert sind und vielmehr wissen wollen, was man mit dieser Schaltung anfangen kann."	Die Orientierung im Vortrag wird erleichtert. Die Zuhörer/-innen verstehen besser, worauf es ankommt.
G Rolf hört konzentriert zu, wenn eine Frage gestellt wird und signalisiert sein Interesse.	Zuhörer fühlen sich ernst genommen. Ihr engagierter Beitrag wird gewürdigt. Sie fühlen sich bestätigt.
H Rolf verzichtet auf Reaktionen wie „Das habe ich doch vorhin schon erklärt" und bestätigt die Fragenden: „Das ist eine gute Frage. An dieser Stelle hatte ich selbst auch immer wieder Probleme."	Damit wird vermieden, dass der Fragesteller als unaufmerksam oder unverständig abgestempelt wird. Persönliche Kränkungen werden vermieden. So wird auch verhindert, dass Spannung und Gereiztheit aufkommt.

6 – 9

Individuelle Lösungen

HINWEIS

Die Aufgaben 7 b) und 8 sind von der Anforderung her sehr schlicht, da sie auch rein mechanisch durch eine Umformung der Aussagen in die 1. Person Singular gelöst werden können („Sie werden in den nächsten Minuten …" → „Ich werde in den nächsten Minuten …"). Der Sinn dieser Übungen besteht darin, die Schülerinnen und Schüler nachdrücklich auf diese Möglichkeit der Strukturierung und der Differenzierung hinzuweisen, die sie dann in der folgenden Übung 9 konkret anwenden sollen.

10

Individuelle Lösungen

PORTFOLIO

a) *Fassen Sie kurz zusammen, was Sie sich für die Durchführung einer Präsentation besonders merken wollen.*

- Das Auftreten der Person, die eine Präsentation durchführt, kann zu Erfolg bzw. Misserfolg einer Präsentation beitragen.
- Nervosität, die allein auf die gegenwärtige Situation zurückzuführen ist, ist dabei gar kein großes Problem, da sie kaum zu negativen Schlüssen Anlass bietet.
- Schwer wiegen dagegen unter Umständen Nachlässigkeit und Schlamperei, fachliche Unsicherheiten sowie ein unfreundliches und herablassendes Verhalten.
- Was die Beziehung zum Publikum angeht, so kann die Rednerin/der Redner durch ein geeignetes Verhalten die angemessene Mitte zwischen zu großer Nähe und zu großer Distanz erreichen.
- „Regieanweisungen" sind Mittel der Metakommunikation, die dabei helfen können, Schwierigkeiten zu beseitigen (z. B. wenn der Vortrag zu kompliziert wird).
- „Regieanweisungen" können auch dabei helfen, den unterschiedlichen Bedürfnissen eines heterogenen Publikums gerecht zu werden.
- Auch bei der Gliederung können Regieanweisungen hilfreich sein, vor allem, wenn sie mit einer Visualisierung verbunden werden.

b) *Notieren Sie Beobachtungen aus Ihrem Leben oder auch aus Büchern, Filmen usw., die zu diesen Erkenntnissen passen oder ihnen widersprechen.*
Individuelle Lösungen

c) *Legen Sie fest, welche Konsequenzen Sie aus diesen Erkenntnissen ziehen können.*
Individuelle Lösungen

Fallstudien 1–3

Schülerband S. 32–41

Anlage der Fallstudien 1–3 Inhalte, Fragestellungen, Hinweise
Der Leiter der Abteilung Sicherheitstechnik der Vetterlein GmbH Oskar Peters (eine Figur, die in Be.Komm an mehreren Stellen auftaucht) bereitet mit seinen Mitarbeitern eine Präsentation vor, bei der das Sicherheitskonzept für eine städtische Galerie vorgestellt werden soll. Die Fragen und Schwierigkeiten, die dabei auftauchen, entsprechen den Aspekten, die in den Unterkapiteln 3 A–C bereits behandelt wurden. Es geht in den Fallstudien also nicht um etwas Neues, sondern um die Anwendung bereits erworbenen Wissens (z. B. zur Visualisierung) in einer beruflich bedeutsamen Situation.

Methodisch gibt es unterschiedliche Möglichkeiten, die Unterkapitel 3 A–C, die sich allgemein mit der Bewertung, Planung und Durchführung von Präsentationen befassen, und die Fallstudien, die sich auf einen konkreten Einzelfall aus dem Berufsleben beziehen, miteinander zu vernetzen. Naheliegend ist es, zunächst die Kategorien und Erkenntnisse anhand der vorangegangenen Kapitel zu erwerben. Es ist aber genauso denkbar, den umgekehrten Weg zu gehen, d. h. von den Fallstudien auszugehen und diese dann mit den allgemeinen Teilen zu verknüpfen.

Die Anbindung der Erkenntnisse an Situationen und Anforderungen aus dem Berufsleben stellen eine besondere Qualität des Faches Betriebliche Kommunikation dar. Gleichzeitig bringt die Anbindung an konkrete berufliche Situationen eine Schwierigkeit mit sich, die nur schwer zu beseitigen ist: Inhaltlich passt natürlich nicht jede berufliche Situation zu jeder Schülerin und jedem Schüler. Das hier verwendete Beispiel stammt aus dem gewerblich-technischen Bereich. Die berufliche Wirklichkeit einer Altenpflegerin oder eines Bankkaufmanns ist natürlich eine völlig andere. Diese Schwierigkeit ist aber nicht ganz so unüberwindlich, wie es zunächst scheint.

Zum einen erfordert das Verständnis des „Falls“ von Oskar Peters keine Kenntnisse im Bereich der Elektronik. Dort wo es schwierig wird, dient das Material vor allem dazu, zu zeigen, dass es schwierig ist. Um das zu erkennen, bedarf es keiner Fachkenntnis. Zum anderen gibt es eine reizvolle Möglichkeit der berufsspezifischen Anpassung. Die Schülerinnen und Schüler können die Aufgabe übernehmen und das Material an ihren jeweiligen Beruf anpassen. Das kann arbeitsteilig geschehen, z. B. in Gestalt eines Projekts. Dabei können die Schüler entweder sehr eng an der Struktur des Ausgangsmaterials bleiben oder etwas freier damit umgehen. In jedem Fall definieren die Schülerinnen und Schüler eine komplexe Präsentationssituation aus ihrem beruflichen Umfeld.

Diese könnte für den Bereich Altenpflege etwa folgendermaßen aussehen:
Carola Münch ist die Assistentin von Ursula Hönig, der Leiterin eines großen und hochmodernen Altenpflegeheims in Süddeutschland. Die Gesellschaft, die das Heim führt, die Sanitas AG, würde gerne ein großes Pflegeheim in Sachsen übernehmen. Frau Hönig und Frau Münch haben den Auftrag, die Entscheidungsträger vor Ort (nach dem Muster aus dem Fall Oskar Peters mit Experten und Nicht-Experten besetzt) davon zu überzeugen, dass das Konzept der Sanitas AG tragfähig und zukunftsweisend ist. Frau Hönig übernimmt alle wirtschaftlichen und finanziellen Fragen. Der Auftrag von Frau Münch lautet, sie solle die Standards moderner Altenpflege darstellen, die in dem Heim künftig umgesetzt werden sollen.

Online-Link
803902-0000

Auf der Grundlage einer solchen Situationsbeschreibung lassen sich einzelne Teile des Materials sehr leicht anpassen (z. B. Fallstudie 3, Visualisierung), an anderen Stellen ist das etwas schwieriger. Auf jeden Fall ist ein solches Projekt für die Schülerinnen und Schüler sehr reizvoll. Dazu kommt, dass ihre Produkte einen konkreten Nutzen haben. Sie können in anderen Klassen verwendet werden. Der Verlag, der Herausgeber und der Autor von Be.Komm würden sich sehr freuen, wenn ihnen derartige Arbeitsergebnisse zugänglich gemacht würden, um sie z. B. im Klett Online-Bereich (www.klett.de, **Online-Link 803902-0000**) auch anderen Nutzern zur Verfügung zu stellen (siehe auch Vorwort, S. 2).

Da es bei den Fallstudien 1–3 nicht um die Erarbeitung von neuen Erkenntnissen geht, sondern um die Anwendung, wurde darauf verzichtet, die Schülerinnen und Schüler dazu aufzufordern, ihre Erkenntnisse im Portfolio zu dokumentieren. Selbstverständlich ist dies dennoch möglich und sinnvoll, vor allem wenn zusätzliche Arbeit geleistet wird, wie die oben vorgeschlagene Anpassung des Materials an den eigenen Beruf.

Lösungsvorschläge

Fallstudie 1: Zielformulierung und Zielgruppenanalyse

1

a) Es wird darauf ankommen, dass Oskar Peters mit seiner Präsentation in jeder Hinsicht überzeugend ist. Dazu gehört, dass er selbst und seine Firma als kompetente, seriöse und zuverlässige Partner in Erscheinung treten. Die Lösung für die Galerie, die Oskar Peters präsentiert, muss in jeder Hinsicht überzeugen, technisch, wirtschaftlich usw. Das heißt, dass es um ein Gesamtkonzept geht, bei dem ein Rädchen in das andere greift. Auch die Beziehung, die Oskar Peters zu seinem Publikum aufbaut, könnte eine große Rolle spielen. Wenn es emotionale Vorbehalte des Publikums gegen die präsentierende Person gibt, könnten diese leicht auf das Angebot übertragen werden.

b) Eine Hürde besteht vermutlich darin, dass die verschiedenen Anforderungen, die an das Angebot gestellt werden und die durch verschiedene Personen im Ausschuss repräsentiert werden, durchaus widersprüchlich sein können. Wenn man einerseits eine preisgünstige Lösung möchte und andererseits eine, die allerbeste Qualität liefert, dann ist dies zunächst ein Widerspruch.
Ein großes Hindernis scheint auch darin zu liegen, dass die Lösung der Vetterlein GmbH zwar individuell erstellt wird und technisch auf hohem Niveau ist, dass es aber auf dem Markt offenbar deutlich billigere Anbieter gibt.

Ein anderes Hindernis könnte sein, dass die eigentliche Kernkompetenz von Oskar Peters und seiner Abteilung im Bereich der Technik liegt. Andererseits sind drei der vier Ausschussmitglieder keine Techniker und insofern nicht ohne Weiteres durch technische Argumente zu überzeugen.

2

Frau Gerber:
- zuverlässiger Schutz der Bilder
- Anlage ist dezent und unauffällig und stört nicht die Wirkung der Bilder
- Anlage behindert weder die Besucher noch die Angestellten der Galerie
- leichte Handhabung der Anlage im Alltag
- rasche Hilfe bei Störungen

Herr Hoss:
- Anschaffungskosten
- Folgekosten (z. B. Updates, Wartung, Reparatur)
- Kostenvergleich mit Billiganbietern unter langfristiger Perspektive

Herr Pfennig:
- technische Probleme
- technische Lösungen
- Störungsanfälligkeit des Systems
- Schaltpläne usw.

3

Da Oskar Peters eine Präsentation hält, die sich an alle vier Mitglieder des Ausschusses richtet, und da diese ganz unterschiedliche Voraussetzungen und Interessen haben, ist es sehr schwierig, allen gerecht zu werden. Das kann nur gelingen, wenn Oskar Peters ein paar Punkte berücksichtigt. Dazu gehört, dass solche Informationen, die nur einen Teil der Zuhörer interessieren, sorgfältig dosiert werden. Dies gilt bei dieser Präsentation beispielsweise für die technischen Details, die den Ingenieur interessieren, die Kunsthistorikerin aber nicht. Dann sollte berücksichtigt werden, dass man auch bei solchen Fragen die Nicht-Experten nicht ganz „im Regen stehen" lässt. Sie sollten zumindest das Grundprinzip einer Darstellung erkennen. Das heißt z. B. bezogen auf die Technik, dass die grundlegende Problemstellung und der Lösungsansatz so dargestellt werden, dass auch der Nicht-Fachmann begreift, wovon die Rede ist. Ganz wichtig ist auch der Einsatz von metasprachlichen Hinweisen (Regieanweisungen).
Hinweis: Vgl. dazu Schülerband, S. 30.

4

→ *Siehe Kopiervorlage (Formblatt, S. 52)*

Spezielle Informationen zu Oskar Peters' Abteilung **(Stärken)**	Allgemeine **Information** zur Sicherheitstechnik	**Allgemeiner Appell**, der sich daraus ergibt	**Spezieller Appell** (Auftragsvergabe)
Wir bieten individuelle Lösungen.	Nur eine Anlage, die maßgeschneidert den jeweiligen Anforderungen entspricht, funktioniert wirklich gut.	Entscheiden Sie sich nicht für eine Lösung „von der Stange", auch wenn diese billiger ist.	Vertrauen Sie uns!
Unsere Anlagen sind äußerst zuverlässig.	Eine Alarmanlage hat nur dann einen Nutzen, wenn man sich darauf verlassen kann, dass sie bei Einbruch Alarm auslöst, und zwar nur dann.	Entscheiden Sie sich nicht für eine Lösung, mit der Sie auf Dauer unzufrieden sein werden.	Unser Angebot wird Sie dauerhaft zufriedenstellen.
Wir verfügen über erfahrene Monteure und wir bieten unseren Kunden eine Telefonhotline.	Es ist sehr wichtig, dass man Hilfe erhält, wenn es Probleme mit einer Anlage gibt.	Vertrauen Sie nur einem Unternehmen, das Ihnen entsprechenden Service bietet.	Verlassen Sie sich auf unseren erfahrenen Service!
Wir haben kurze Anfahrtswege.	Kurze Anfahrtswege sparen Kosten und ermöglichen schnelle Hilfe.	Wählen Sie ein Unternehmen aus der Region.	Wir sind ein Unternehmen, das seit vielen Jahren hier ansässig ist. Geben Sie uns den Auftrag!

5

a) **Informationen:** Schaltpläne, Skontoregelung
Appelle: Schützen Sie Ihr Eigentum mit moderner Sicherheitstechnik und erteilen Sie uns den Auftrag!

b) Herrn Bösingers Ausführungen sind bei Weitem nicht so überzeugend, wie er meint. Dies liegt vor allem daran, dass kein erkennbarer Zusammenhang zwischen den einzelnen Teilen besteht. Die Schaltpläne haben zunächst nichts mit dem Appell „Schützen Sie Ihr Eigentum …" zu tun. Zudem geht dieser

Appell an der Situation der Kunden vorbei, da sie ja bereits entschlossen sind, eine entsprechende Anlage installieren zu lassen. Die Appelle müssen also darauf abzielen, dass die Firma Vetterlein als Partner ausgewählt wird (vgl. Aufgabe 4). Auch Bösingers Versprechen, dass Skonto gewährt würde, hat in diesem Zusammenhang wenig Sinn, da der finanzielle Teil des Auftrags noch gar nicht angesprochen wurde. Außerdem liegt das Problem bei Oskar Peters' Angebot ja darin, dass es teurer ist als das Angebot von Mitbewerbern (vgl. Schülerband S. 32). Dieses Problem lässt sich nicht beheben, indem man 2 % Skonto gewährt, sondern nur dadurch, dass man verdeutlicht, dass die angebotene Leistung besser ist als die der Konkurrenten.

Fallstudie 2: Informationsauswahl und Verständlichkeit

1

a) Herr Pfennig (Ingenieur): Ihm könnte die erste Äußerung deshalb missfallen, weil er derart einfache Erläuterungen nicht nötig hat und sich hier nicht als Technikfachmann gewürdigt sieht. Von der zweiten Äußerung dürfte er sich dagegen angesprochen fühlen. Sofern er sich mit Digitaltechnik auskennt, kann er den Ausführungen folgen und findet sie vermutlich interessant. Selbst wenn er die Darlegungen nicht im Einzelnen versteht, gefällt es ihm vermutlich, dass er als Experte angesprochen und damit in seiner Rolle als Ingenieur ernst genommen wird.

b) Frau Gerber (Kunsthistorikerin): Sie findet die erste Äußerung vermutlich passend, weil sie auch ohne technischen Sachverstand begreift, worum es geht. Das setzt allerdings voraus, dass diese Aussage auf eine freundliche und nicht auf eine überhebliche Weise gemacht wird. Die zweite Äußerung stößt bei ihr auf völliges Unverständnis und Desinteresse. Wenn diese Art von Vortrag längere Zeit dauert, wird er bestimmt auch ihren Ärger hervorrufen, da es für sie sinnlose Zeitverschwendung ist, hier zuzuhören.

2

a) Der Informationsgehalt der beiden Texte ist im Wesentlichen gleich. Die wichtigen Informationen, die der lange Text über Alarmsysteme enthält, sind alle auch im kurzen Text zu finden.

b) Der lange Text dürfte auf jeden Fall verständlicher sein. Er ist konkret und anschaulich, wenn auch umständlich und weitschweifig. Wenn man einigermaßen konzentriert zuhört bzw. liest, weiß man hinterher, worauf es ankommt, vor allem weil man sich die fraglichen Sachverhalte konkret vorstellen kann. Der kurze Text scheint zunächst ebenfalls sehr gut verständlich zu sein, da einfache Sätze benutzt werden, die klar aufeinander aufbauen. Dieser Text stellt aber sehr hohe Anforderungen an Leser bzw. Hörer, da er eine sehr hohe Informationsdichte aufweist, auf jede Erläuterung und jedes Beispiel verzichtet und dementsprechend unanschaulich ist.

HINWEIS

Die Antwort auf die Frage, welcher der beiden Texte denn nun besser sei, hängt von den Vorkenntnissen und bisherigen Erfahrungen des Publikums ab. Der kurze, hochprägnante Text eignet sich für ein Publikum, das sich mit Alarmsystemen gut auskennt und das weiß, worauf es dabei ankommt. Die Funktion dieser knappen Information wäre dabei, einen Zusammenhang anzusprechen, der im Wesentlichen bekannt ist, der aber für die Darstellung gebraucht wird, weil das Folgende darauf aufbaut.
Der ausführliche Text wäre für ein Publikum geeignet, das noch keine Erfahrung mit Alarmsystemen hat und sich in die Schwierigkeiten, die es dabei gibt, erst hineindenken muss. Dabei sind dann die vielen konkreten Beispiele hilfreich. Der ausführlichere Text ließe sich durch eine klarere Struktur noch verbessern.

3

Oskar Peters ist in die Materie, über die er spricht, vertieft. Seit Wochen beschäftigt er sich mit dem Thema. Nun spricht er so, als würde er den Vortrag für sich selbst halten. Er beginnt mit dem Problem, das ihm im Moment am meisten auf der Seele lastet, und lässt alles weg, was ihm selbst geklärt zu sein scheint. Für sein Publikum stellt sich das ganz anders dar. Der Vortrag erscheint vollkommen wirr, weil er ungegliedert ist. Oskar Peters springt von einem Punkt zum nächsten, ohne dass für die Zuhörer ein Zusammenhang deutlich wird. Es gibt keinen logischen Aufbau. Kein Gedanke wird so entwickelt, dass das Publikum etwas mit ihm anfangen kann.

4

1 Gefahren
  1.1 Diebstahl
    1.1.1 Einbruch
    1.1.2 Diebstahl während der Öffnungszeiten
  1.2 Elementarschäden
    1.2.1 Erdbeben
    1.2.2 Feuer
    1.2.3 Wasser
  1.3 Vandalismus
    1.3.1 Zerschneiden der Bilder
    1.3.2 Beschmieren der Bilder
    1.3.3 Zerstörung durch Säure

2 Technische Lösungen
  2.1 Mechanische Lösungen
    2.1.1 Sicherheitsfenster
    2.1.2 Usw.
  2.2 Optische Lösungen
    2.2.1 Usw.

5

Individuelle Lösungen

Fallstudie 3: Visualisierung

1 – 2

Individuelle Lösungen

Situation	**Was** wird präsentiert?	**Hauptinhalt**	Mit welchem **Ziel** wird präsentiert?
A Marktschreier am Verkaufsstand in der Fußgängerzone	Gemüsehobel	Informieren über Vorzüge des Produkts	verkaufen
B Ein neuer Vorgesetzter stellt sich seinen Mitarbeiterinnen und Mitarbeitern vor.			
C Eine Bewerberin kommt zum Vorstellungsgespräch.			
D Eine Arbeitsgruppe stellt der Betriebsleitung ihre Vorschläge für die Umgestaltung des Aufenthaltsraums vor.			
E Eigenes Beispiel:			

© Ernst Klett Verlag GmbH, Stuttgart 2012 | Be.Komm, Lehrerband | ISBN 978-3-12-803902-2

Situation	a) Ziel	b) Rahmenbedingungen, die das Erreichen des Ziels sehr wahrscheinlich machen, selbst bei schlechter Präsentation	c) Rahmenbedingungen, bei denen das Erreichen des Ziels von der Qualität der Präsentation abhängt	d) Rahmenbedingungen, die das Erreichen des Ziels sehr unwahrscheinlich machen, selbst bei sehr guter Präsentation
A Marktschreier am Verkaufsstand in der Fußgängerzone	verkaufen	- Kunde braucht ganz dringend ein solches Gerät, - er sucht seit Längerem nach genau diesem Gemüsehobel.	Kunde interessiert sich im Prinzip für einen neuen Gemüsehobel, er muss aber von dessen Vorzügen überzeugt sein.	- Kunde hat keine Küche und braucht keine Küchengeräte, - er hat bereits einen ausgezeichneten Gemüsehobel, - er hat kein Geld.
B Ein neuer Vorgesetzter stellt sich seinen Mitarbeiterinnen und Mitarbeitern vor.				
C Eine Bewerberin kommt zum Vorstellungsgespräch				
D Eine Arbeitsgruppe stellt der Betriebsleitung ihre Vorschläge für die Umgestaltung des Aufenthaltsraums vor.				
E Eigenes Beispiel:				

Präsentierte Information	**Aspekt Appell** (angestrebte Wirkung auf das Publikum)	
	Einstellungsänderung	**Handlung/verändertes Verhalten**
A In einem Vortrag für Hobbygärtner erläutert die Referentin, dass Wildblumen und andere sogenannte Unkräuter eine große ökologische Bedeutung haben, da sie für viele Insekten wichtig seien.	Bedeutung von Unkraut soll erkannt werden. Wildblumen sollen positiv eingeschätzt werden.	Gärtner sollen naturnahe Flächen erhalten und auf übermäßiges Jäten verzichten.
B Eine Ärztin des Gesundheitsamtes hält vor Schülerinnen einer Realschule einen Vortrag über AIDS. Sie zeigt die schrecklichen Auswirkungen, die diese Krankheit haben kann, und sie weist auf Möglichkeiten hin, sich vor Ansteckung zu schützen, vor allem durch die Verwendung von Kondomen beim Geschlechtsverkehr.		
C Ein Vertreter eines Pharmaunternehmens stellt einem Arzt eine neuentwickelte Hautcreme gegen Falten vor.		
D Ein Ingenieur aus der Forschungsabteilung eines Unternehmens stellt der Betriebsleitung den Prototyp einer neuartigen Rollladensteuerung vor, die er entwickelt hat.		
E Ein Vertreter eines großen Stromkonzerns, der hauptsächlich auf Atomstrom setzt, spricht vor einem Ausschuss von Landespolitikern über Atomtechnologie.		
F Ein Vertreter eines Umweltschutzverbandes, der sich im Kampf gegen Atomstrom engagiert, spricht vor einem Ausschuss von Landespolitikern über Atomtechnologie.		

Situation	Information	Appell
A Verkehrspolizisten reden im Kindergarten über Sicherheit im Straßenverkehr.	Es wird gezeigt, was bei falschem Verhalten (z. B. hinter einem Ball her auf die Straße laufen) passieren kann. Dann wird gezeigt, wie man es richtig macht.	Verhaltet euch richtig!
B Vortrag einer Ernährungsberaterin		Esst weniger Fleisch, dafür mehr Gemüse!
C Verkehrssachverständiger spricht vor dem Gemeinderat.		Baut die Umgehungsstraße!
D Vertreterin für Damenmode stellt die neue Kollektion vor.		Kaufen Sie die Kleider!
E Stellenbewerber stellt sich in der Firma vor.		Stellen Sie mich ein!

Merkmal	a) leicht zu verstehender Vortrag		b) schwer zu verstehender Vortrag	
	Eigenschaften	**Beispiel**	**Eigenschaften**	**Beispiel**
A Vorausgesetztes Wissen	Wenige Kenntnisse werden vorausgesetzt.	„Ich erkläre kurz, was Kohlenhydrate sind."	Viele Kenntnisse werden vorausgesetzt.	„Leicht verdauliche Kohlenhydrate können zu reaktiver Hypoglykämie führen …"
B Vorausgesetzte Fähigkeiten				
C Fachausdrücke/ Fremdwörter				
D Abstraktionsniveau (allgemein und theoretisch oder konkret und praktisch?)				
E Art des Satzbaus/Länge der Sätze				
F Art des Vortrags (Lautstärke, Sprechtempo, Betonung)				

Technische Möglichkeit der Visualisierung	Beispiel für den Einsatz	Vorzüge	Mögliche Probleme
A Pinnwand	Illustration von Zusammenhängen	Lässt sich vorbereiten, aber auch während der Präsentation verändern (Anbringen neuer Kärtchen)	Eventuell schlechte Lesbarkeit in größeren Räumen
B Flipchart			
C Tafel			
D Whiteboard			
E Laptop			
F Beamer			

a) Eindruck:	b) Mögliche Äußerung, die diesen Eindruck hervorruft:	b) Mögliche körpersprachliche Merkmale:	b) Mögliche sonstige Merkmale:
1 gewissenhaft	„Bei den Komponenten der Alarmsysteme verlasse ich mich nicht auf den Lieferschein. Jedes Bauteil wird gründlich überprüft und durchgemessen, bevor es Verwendung findet."	konzentriert, ruhig	besonders sorgfältig erstellte Materialien, korrekte Kleidung
2			
3			

Verhaltensweise	Wirkung auf das Publikum
A Rolf begrüßt die Zuhörer herzlich.	Publikum fühlt sich wohl, ist freundlich gestimmt.
B Rolf hält meistens Blickkontakt zu den Zuhörern und lächelt in die Runde.	
C Rolf geht auf Reaktionen im Publikum ein. „Ich habe den Eindruck, das ist noch nicht ganz klar. Vielleicht probiere ich es mit noch einem Beispiel!"	
D Rolf thematisiert die Situation seiner Zuhörer: „Sie als Informationstechniker wissen natürlich, dass …"	
E Rolf nimmt mögliche Fragen vorweg: „Sie werden sich wahrscheinlich fragen: Warum dieser ganze Aufwand?"	
F Rolf spricht Bedürfnisse und Interessen seines Publikums an: „Ich nehme an, dass einige hier weniger an den technischen Details interessiert sind und vielmehr wissen wollen, was man mit dieser Schaltung anfangen kann."	
G Rolf hört konzentriert zu, wenn eine Frage gestellt wird und signalisiert sein Interesse.	
H Rolf verzichtet auf Reaktionen wie „Das habe ich doch vorhin schon erklärt" und bestätigt die Fragenden: „Das ist eine gute Frage. An dieser Stelle hatte ich selbst auch immer wieder Probleme."	

Klett

© Ernst Klett Verlag GmbH, Stuttgart 2012 | Be.Komm, Lehrerband | ISBN 978-3-12-803902-2

Spezielle Informationen zu Oskar Peters' Abteilung **(Stärken)**	Allgemeine **Information** zur Sicherheitstechnik	**Allgemeiner Appell**, der sich daraus ergibt	**Spezieller Appell** (Auftragsvergabe)
Wir bieten individuelle Lösungen.			
Unsere Anlagen sind äußerst zuverlässig.			
Wir verfügen über erfahrene Monteure und wir bieten unseren Kunden eine Telefonhotline.			
Wir haben kurze Anfahrtswege.			

© Ernst Klett Verlag GmbH, Stuttgart 2012 | Be.Komm, Lehrerband | ISBN 978-3-12-803902-2

Grundlagen der Motivation

Anlage des gesamten Kapitels 4 – Inhalte und Fragestellungen

Im gesamten Kapitel 4 sollen die Schülerinnen und Schüler ihr Verständnis von Motivation vertiefen. Dabei geht es darum, dass konkrete Beobachtungen von menschlichem Verhalten und theoretische Erklärungsansätze aufeinander bezogen werden. Das Ziel besteht darin, dass die Schülerinnen und Schüler die relevanten Faktoren ihres eigenen Verhaltens und des Verhaltens von anderen deutlicher wahrnehmen und besser verstehen, letztlich auch mit dem Ziel, dieses Verhalten (positiv) beeinflussen zu können.

Im Unterkapitel 4 A werden grundlegende Einflussfaktoren auf das menschliche Verhalten deutlich, im Unterkapitel 4 B wird untersucht, welche Bedürfnisse hinter diesem Verhalten stehen. Im Kapitel 4 C beschäftigen sich die Schülerinnen und Schüler mit der Rolle der Arbeit in unserem Leben, im Unterkapitel 4 D klären sie, von welchen Faktoren Leistung und Erfolg abhängen. Im Kapitel 4 E machen sich die Schülerinnen und Schüler mit einem Modell der Arbeitsmotivation vertraut und diskutieren abschließend, worin die Möglichkeiten und Grenzen der Motivation bestehen.

4 A Einflussfaktoren auf die Motivation

Schülerband S. 42–43

Anlage des Unterkapitels 4 A – Inhalte und Fragestellungen
In dem Unterkapitel können sich die Schülerinnen und Schüler mit dem (motivations-)psychologischen Blick auf menschliches Verhalten vertraut machen. Dabei geht es um die Frage, warum sich jemand so verhält, wie er das gerade tut. Die Antworten werden mithilfe von Begriffen wie Motiv oder Motivation gegeben. Dabei beruhen die Erklärungen eigentlich immer darauf, dass man die äußeren und die inneren Faktoren berücksichtigt: zum einen die, die von der Situation ausgehen und von der handelnden Person z. B. als Anreiz wahrgenommen werden, und zum anderen die, die im Inneren der betreffenden Person zu finden sind. Wie kompliziert die Erklärung der Motivation eines Menschen sein kann, wird an einem äußerst simplen Beispiel gezeigt: Eine Gruppe von Schülerinnen und Schülern steht vor einem Bratwurststand. Einige kaufen sich eine Wurst, andere nicht. Die Erklärung für diese Handlungen sieht in jedem Einzelfall anders aus.

Lösungsvorschläge

1

Individuelle Lösungen

Möglichkeit:

Verhalten	hemmende Faktoren	begünstigende Faktoren
A Werner steht Halbmarathon durch.	Schmerzen durch Blasen an den Füßen	Ehrgeiz, Wunsch, sich und anderen etwas zu beweisen
B Raubüberfall mit Spielzeugpistole	Angst vor Strafe, moralische Hemmungen	Habgier, Verzweiflung aufgrund persönlicher Not
C Sandra Meier steht auf.	Müdigkeit, Wunsch, weiterzuschlafen	Pflichtgefühl, Angst vor negativen Konsequenzen
D Peter Gieseke schläft weiter.	Pflichtgefühl, Angst vor negativen Konsequenzen	Müdigkeit, Wunsch, weiterzuschlafen

HINWEIS

Die Beispiele zeichnen sich alle dadurch aus, dass
- Menschen ein bestimmtes Verhalten zeigen,
- es gute Gründe gibt, die gegen dieses Verhalten sprechen (hemmende Faktoren),
- es noch gewichtigere Gründe geben muss, die zu diesem Verhalten führen (begünstigende Faktoren).

Dabei sollen die Beispiele C und D zeigen, dass sich zwei Menschen in einer identischen Situation ganz unterschiedlich entscheiden können, dass es also auch wesentlich auf die inneren Anlagen ankommt.

2

Individuelle Lösungen

3

➜ *Siehe Kopiervorlage (Formblatt, S. 69)*

Person	Merkmale der Person/Aktivität	Was die Person wahrnimmt – bezogen auf die Handlung (Handlung in diesem Fall = Bratwurst kaufen und essen)	begünstigende Faktoren für die Handlung	hemmende Faktoren
A Bertram	Er mag Bratwürste sehr gern und verbindet glückliche Erinnerungen mit ihnen.	Aussehen und Geruch der Bratwurst; beides erscheint sehr verführerisch.	Bertram hat großen Hunger. Er hat offenbar genügend Geld.	Keine
B Angelika	Sie isst kein Fleisch (Vegetarierin), verbindet Fleisch und Würste mit der Vorstellung vom Leid der Schlachttiere.	Aussehen der Würste (aufgeplatzte Pelle, fleischige Masse) ruft bei ihr Ekel hervor.	Hunger könnte dafür sprechen, dass sie eine Wurst isst. Tatsächlich kommt diese Speise für sie aber gar nicht infrage.	Ekel, Mitgefühl mit den Tieren
C Nadine	Sie ist gesundheitsbewusst, achtet auf ausgewogene Ernährung und auf die Figur, hat den starken Wunsch, von anderen akzeptiert zu werden.	Sie nimmt vor allem wahr, dass die Würste vor Fett triefen, d.h., dass sie ungesund sind. Sie nimmt aber auch wahr, dass die anderen sich Würste kaufen.	Nadine möchte so sein wie die anderen, um von diesen akzeptiert zu werden und dazuzugehören.	Sie mag Würste eigentlich nicht und lehnt sie aus allgemeinen Erwägungen ab.

Person	Merkmale der Person/Aktivität	Was die Person wahrnimmt – bezogen auf die Handlung (Handlung in diesem Fall = Bratwurst kaufen und essen)	begünstigende Faktoren für die Handlung	hemmende Faktoren
D Can	Er vermeidet Schweinefleisch, da er so aufgewachsen ist.	Guter Geruch der Würste	Hunger (seit dem Frühstück nichts gegessen)	Aufgrund der Tradition seiner Familie empfindet er Widerwillen gegen Schweinefleisch. Er tröstet sich mit der Aussicht auf etwas Besseres (Döner).
E Tolga	Er mag Bratwürste sehr gern, er mag aber auch andere Dinge (z. B. mit anderen gemeinsam Riesenrad fahren), er ist vorausschauend und diszipliniert, d. h., er überlegt, bevor er etwas tut.	Sieht vieles, was ihm gut gefällt und seine Lust auf die Bratwurst hervorruft: Brötchen, Senf, Fett aus der Wurst tropfen. Er sieht aber auch Nadine, mit der er gern mehr unternehmen würde.	Lust auf die Wurst	Hemmend wirkten hier vor allem Tolgas kühler Kopf und seine vorausschauende Planung. Er möchte vieles gerne tun, muss aber aufgrund seiner begrenzten Mittel Prioritäten setzen.

4

Individuelle Lösungen

HINWEIS

Wenn man eine Person genau kennt und weiß, was diese Person umtreibt, dann hat man natürlich gute Voraussetzungen, um diese Person zu beeinflussen. So könnte beispielsweise das Wissen, dass Bertram mit Volksfesten glückliche Erinnerungen an seine Kindheit verbindet, dazu benutzt werden, ihn zu einer Reise nach München zu motivieren, wenn man ihm dabei einen Besuch auf dem Oktoberfest in Aussicht stellt. In einem solchen Fall würde man aber nicht von Manipulation sprechen, da diese Reise ja nicht zu Bertrams Nachteil stattfindet. Vielmehr werden lediglich seine Interessen berücksichtigt.
Anders liegt der Fall, wenn sich jemand Nadines Sorgen, sie könnte zur Außenseiterin werden, zunutze macht. Es wäre z. B. denkbar, dass ein Drogenhändler, der nur an seinen eigenen Vorteil denkt, Nadine zum Drogenkonsum überredet, indem er ihr einredet, sie werde nur dann von den anderen akzeptiert, wenn sie mit dem Konsum von Drogen beginne.

PORTFOLIO

a) *Fassen Sie kurz zusammen,*
- *welche Einflussfaktoren Sie für besonders bedeutsam für die Motivation halten,*
- *was Sie über den Begriff „Motiv" wissen und*
- *wo Sie die Grenzen zwischen Motivation und Manipulation sehen.*
- Das Verhalten von Menschen lässt sich erklären, wenn man die äußeren Anreize durch die Situation und die inneren Anlagen der betreffenden Person berücksichtigt.
- Es gibt meist Faktoren, die eine Handlung begünstigen und solche, die sie hemmen.
- Ob es dann zu der Handlung kommt oder nicht, ist von Person zu Person verschieden, da auch die inneren Anlagen jeweils unterschiedlich sind.
- Auch der Anreiz zu einer Handlung, den eine Situation liefert, wird von Person zu Person ganz unterschiedlich wahrgenommen und bewertet.

b) *Notieren Sie Beobachtungen aus Ihrem Leben oder auch aus Büchern, Filmen usw., die zu diesen Erkenntnissen passen oder ihnen widersprechen.*
Hier könnte von eigenen Entscheidungen und deren Analyse berichtet werden.

c) *Legen Sie fest, welche Konsequenzen Sie aus diesen Erkenntnissen ziehen können.*
Individuelle Lösungen
Möglichkeit: Sich gegen Manipulation wappnen

4 B Motivationsfördernde Maßnahmen

Schülerband S. 44–46

Anlage des Unterkapitels 4 B – Inhalte und Fragestellungen
In dem Unterkapitel geht es darum, wie das Verhalten eines Menschen beeinflusst werden kann, und zwar dadurch, dass er sich entweder selbst motiviert bzw. von anderen motiviert wird. Eine wichtige Grundlage für diese Erklärung ist der Rückgriff auf die Bedürfnisse, die ein Mensch hat und die durch seine Handlungen befriedigt werden oder auch nicht. Die Schülerinnen und Schüler lernen eine der bekanntesten Motivationstheorien kennen, nämlich Maslows Pyramide der Bedürfnisse, und wenden diese Theorie an.

Lösungsvorschläge

1

Individuelle Lösungen

2

➜ *Siehe Kopiervorlage (Formblatt, S. 70)*

	Situation B (Johannes)	**Situation C** (Pedro)
intrinsische Motivation?	Sehr gering, wenn überhaupt vorhanden, die Tätigkeit dürfte vielmehr eine gewisse Selbstüberwindung erfordern.	Zunächst kaum vorhanden, nach dem Anstoß durch den Meister wird die intrinsische Motivation dann so stark, dass man von einem Flow-Erlebnis sprechen kann.
extrinsische Motivation? (Anreiz)	Das Geld liefert den Anreiz. Dieser wird dadurch erhöht, dass Johannes dieses Geld mit einem für ihn sehr attraktiven Ziel in Verbindung bringt (eigene Wohnung mit Petra).	Zunächst dürfte die extrinsische Motivation durch die Situation im Ausbildungsbetrieb hergestellt worden sein. Es ist zwar nicht von extrinsischen Anreizen die Rede, aber der Rahmen der Ausbildung bewirkt zumindest, dass Pedro seinem Frust nicht nachgibt und einfach geht.

	Situation B (Johannes)	**Situation C** (Pedro)
Selbstmotivation?	Johannes muss die Motivation für seine Tätigkeit allein aufbringen.	Die Selbstmotivation bewirkt zunächst, dass Pedro nicht ganz aufgibt; nach der Hilfe durch den Meister ist die Selbstmotivation dann so stark, dass er sogar auf die Pause verzichtet.
Fremdmotivation? (Person)	Davon ist in der Beschreibung nicht die Rede. Denkbar wäre aber, dass sich Petra an den Träumereien beteiligt und so für extrinsische Motivation sorgt.	Pedro erlebt die Hilfe des Meisters als wichtigen Anstoß, mit der Aufgabe zurechtzukommen.

3

Individuelle Lösungen

4

a) *Individuelle Lösungen*

b)

SITUATION A

Leonhard Friedrich findet in seiner Arbeit nur wenig Befriedigung seiner Bedürfnisse. Lediglich die beiden untersten Stufen von Maslows Pyramide sind hier betroffen. Er verdient Geld, mit dem er seine Grundbedürfnisse befriedigen kann, und auch sein Bedürfnis nach Sicherheit wird gestillt, da er nicht befürchten muss, plötzlich entlassen zu werden.
Andererseits kann man bezweifeln, dass seine Unkündbarkeit für Leonhard Friedrich auf Dauer wirklich ein Vorteil ist. Wenn jemand mit seiner Arbeit so unzufrieden ist wie er, sollte er sich ernsthaft über Alternativen Gedanken machen.
Leonhard Friedrich befriedigt die Bedürfnisse, die auf den höheren Stufen von Maslows Pyramide zu finden sind, ausschließlich in seiner Freizeit. Im Training oder in der Kneipe findet er den sozialen Anschluss, den er braucht (3. Stufe), und er befriedigt zumindest teilweise sein Bedürfnis nach Anerkennung (4. Stufe), wenn seine Freunde über seine Geschichten lachen.

SITUATION B

Leonie und Milad haben im Prinzip dieselben Bedürfnisse, diese sind aber unterschiedlich stark ausgeprägt. Bei Leonie steht in der aktuellen Situation das Bedürfnis nach Sicherheit im Mittelpunkt. Sie möchte wissen, wo sie die Nacht verbringen kann. Solange diese Frage nicht geklärt ist, hat sie keine Lust auf Aktivitäten, die andere Bedürfnisse (die in der Pyramide weiter oben angesiedelt sind) betreffen.

Milads Bedürfnis nach Sicherheit ist weniger stark ausgeprägt. Er ist zufrieden mit der Situation und vertraut darauf, dass sich schon eine Lösung für die Übernachtung finden wird. Deshalb will er sofort an den Strand, um mit anderen Menschen in Kontakt zu kommen (3. Stufe).

SITUATION C

Herr Gieseke nimmt eine Einladung zum Essen an. Man könnte also vermuten, dass es dabei um die Befriedigung eines Grundbedürfnisses (Stufe 1) geht. Tatsächlich kann es das aber nicht sein, da Herr Gieseke gar keinen Hunger hat und da das Bedürfnis nach Essen ein Defizitbedürfnis ist, das seine motivierende Kraft verliert, wenn es gestillt ist.
Es geht Herrn Gieseke wohl vorwiegend um etwas anderes. Zum einen hat er das Bedürfnis nach Kontakt und Kommunikation (Stufe 3), vor allem aber das Bedürfnis nach Anerkennung und Wertschätzung (Stufe 4). Dass er von seiner Chefin als Belohnung für seine gute Arbeit zu einem teuren Essen eingeladen wird, ist eine ganz konkrete und handfeste Form von Wertschätzung. Dabei spielt es dann keine Rolle, dass Herr Gieseke gar nicht hungrig ist. Vermutlich sind die Portionen bei „Chez Elias" auch nicht so groß.

PORTFOLIO

a) *Fassen Sie kurz die Erkenntnisse über motivationsfördernde Maßnahmen zusammen, die für Sie besonders bedeutsam sind.*

- Ein bestimmtes Verhalten, z. B. das Lösen einer Aufgabe, kann dadurch vorangetrieben werden, dass die betreffende Person sich selbst dazu motiviert, oder dadurch, dass sie von einer anderen Person motiviert wird.
- Die extrinsische Motivation kommt dadurch zustande, dass die Person die Handlung als Mittel ansieht, um einen anderen Zweck (z. B. eine Belohnung) zu erreichen.
- Bei der intrinsischen Motivation ist die Handlung selber der Zweck, d. h. z. B., dass die Person ein Problem löst, weil sie genau das tun möchte.
- Extrinsische und intrinsische Motivation können gemeinsam auftreten, die eine kann in die andere übergehen.
- Die Motivationstheorie von Maslow setzt bei den Bedürfnissen an, die Menschen haben und durch ihr Tun befriedigen wollen.
- Diese Bedürfnisse sind im Kern bei allen Menschen gleich, sie können aber unterschiedlich stark ausgeprägt sein.

b) *Notieren Sie Beobachtungen aus Ihrem Leben oder auch aus Büchern, Filmen usw., die zu diesen Erkenntnissen passen oder ihnen widersprechen.*

Hier könnten die Schülerinnen und Schüler z. B. von Erfolgsgeschichten berichten (vom Tellerwäscher zum Millionär), wie sie sich in vielen Büchern (z. B. Biografien) und Filmen finden. Ein Beispiel ist die Lebensgeschichte von Christopher Paul Gardner, der in einem Buch seinen Aufstieg vom Obdachlosen zum Millionär beschreibt. Dieses Buch wurde mit Will Smith in der Hauptrolle verfilmt („Das Streben nach Glück").

c) *Legen Sie fest, welche Konsequenzen Sie aus diesen Erkenntnissen ziehen können.*

Die Schülerinnen und Schüler könnten sich beispielsweise vornehmen, künftig stärker zu berücksichtigen, dass sich die Bedürfnisse von Freunden, Kollegen und Familienmitgliedern von ihren eigenen unterscheiden.

4 C Arbeitsmotivation – Arbeitszufriedenheit – Selbstwert

Schülerband S. 47–50

Anlage des Unterkapitels 4 C – Inhalte und Fragestellungen
In dem Unterkapitel geht es um die Frage, was Menschen dazu motiviert, zu arbeiten. In diesem Zusammenhang lernen die Schüler/-innen eine weitere „klassische" Theorie kennen, nämlich die von Douglas McGregor, der zwei gegensätzliche Erklärungen für das Verhalten von Menschen bei der Arbeit anbietet. Die Schüler/-innen haben in diesem Unterkapitel die Gelegenheit, sich ganz grundsätzliche Gedanken zu der Rolle der Arbeit in ihrem eigenen Leben zu machen.

Lösungsvorschläge

1 – 2

Individuelle Lösungen

Gesichtspunkt	Philipp Joste	Thomas Dörflinger
Fachkompetenz	vermutlich hoch	möglicherweise ebenfalls gegeben
Belastbarkeit	hoch	gering
Fähigkeiten im Management	denkt langfristig und richtet seine Entscheidungen danach	zeigt keine derartigen Fähigkeiten
Führungsfähigkeiten	kann andere motivieren und mitziehen	zeigt kein Interesse an Führung
Haltung gegenüber der Firma und den Vorgesetzten	hat das Interesse der Firma im Blick, verhält sich loyal dem Chef gegenüber	will nicht anecken, um persönliche Nachteile zu vermeiden, zeigt ansonsten wenig Initiative

3

a) *Individuelle Lösungen*

b) Thomas Dörflinger ist ein Musterbeispiel für Theorie X, Philipp Joste für Theorie Y. Für Herrn Dörflinger ist die Arbeit ein notwendiges Übel, da er das Geld, das er verdient, zum Leben braucht. Ansonsten hält ihn die Arbeit vor allem von dem ab, was für ihn wirklich zählt: Ausgehen am Wochenende, Feiern im Urlaub. Er sieht bei der Arbeit ausschließlich sein eigenes Interesse. Er fühlt sich weder dem Chef noch dem Unternehmen oder dem Kunden verpflichtet. Deshalb übernimmt er auch keine Verantwortung für das Resultat seiner Arbeit.
Ganz anders Philipp Joste: Er hat die Interessen der Firma im Blick und verhält sich dabei vorausschauend. Er ist bereit, die persönliche Belastung zu steigern, wenn dadurch das Ergebnis der Arbeit besser wird. Das Gefühl, eine Arbeit gut erledigt zu haben, gibt ihm Befriedigung.

4

Individuelle Lösungen

5

Warum ist Arbeit für die seelische Gesundheit so wichtig?
- wichtige Quelle des Selbstwertgefühls (Zeile 6 f.)

Wie wirkt sich ein Verlust des Arbeitsplatzes aus?
- heftige Kränkung (Zeile 9 f.)
- Gefühl, überflüssig zu sein (Zeile 13 f.)
- Entwertungserfahrung kann zu körperlichen und psychischen Schäden führen (Zeile 15 ff.)
- Gefühl der Hilflosigkeit (Zeile 24)
- abgeschnitten von sozialen Kontakten (Zeile 25)
- Scham und Schuldgefühle (Zeile 26)
- tiefgreifende Verunsicherung (Zeile 32 f.)
- anfällig für Krankheiten (Zeile 36 ff.)
- Fatalismus (Zeile 44)
- Verlust von Initiative (Zeile 54 ff.)
- Rückzug und Resignation (Zeile 55 ff.)

Welche Möglichkeiten gibt es, Menschen, die unter der Arbeitslosigkeit leiden, zu helfen?
- bei Resignation widersprechen (Zeile 45 ff.)
- ermutigen (Zeile 45 ff.)
- Klarheit über die eigene Situation herbeiführen: Was ist selbstverschuldet, was nicht? (Zeile 62 f.)
- von Schuldgefühlen befreien (Zeile 64 f.)
- Probleme erkennen lassen, um daran zu arbeiten (→ Hilflosigkeit überwinden) (Zeile 67 f.)
- dabei helfen, die eigenen Stärken klarer wahrzunehmen (→ als Kraftquelle für neues Selbstbewusstsein) (Zeile 69 ff.)
- dabei helfen, andere Selbstwertquellen zu erschließen (Zeile 78 ff.)

6

Individuelle Lösungen

PORTFOLIO

a) Fassen Sie kurz die *Erkenntnisse über Leistungsfähigkeit, Arbeitszufriedenheit und das Selbstwertgefühl zusammen, die Sie in diesem Unterkapitel gewonnen haben.*
- Es gibt ganz unterschiedliche Auffassungen über die Rolle der Arbeit: notwendiges Übel oder wichtiger Teil des eigenen Lebens.
- Diese unterschiedlichen Auffassungen spiegeln sich in den Theorien X und Y von Douglas McGregor wider.
- Dort zeigt sich auch, dass es Auswirkungen auf die Art der Mitarbeiterführung hat, wenn man von einem bestimmten Menschenbild und einer bestimmten Auffassung von der Arbeit ausgeht.
- Es ist hilfreich, sich über die eigene Einstellung zu diesen Fragen Klarheit zu verschaffen.
- Wie wichtig die Arbeit für viele ist, zeigt sich, wenn diese Personen arbeitslos werden.
- Mit ihrem Arbeitsplatz verlieren viele Arbeitslose nicht nur ihre Erwerbsquelle, sondern auch ihr Selbstwertgefühl.
- In solchen Situationen kann es wichtig sein, sich andere Quellen des Selbstwertgefühls zu erschließen.

b) *Notieren Sie Beobachtungen aus Ihrem Leben oder auch aus Büchern, Filmen usw., die zu diesen Erkenntnissen passen oder ihnen widersprechen.*
- Von der Haltung zur Arbeit (bei Bekannten, Verwandten, Freunden) berichten und diese beurteilen
- Wie gehen Menschen, die man kennt, mit Arbeitslosigkeit um?
- Bekanntes Zitat von Martin Luther: „Von Arbeit stirbt kein Mensch, aber von Ledig- und Müßiggehen kommen die Leute um Leib und Leben; denn der Mensch ist zum Arbeiten geboren wie der Vogel zum Fliegen."

c) *Legen Sie fest, welche Konsequenzen Sie aus diesen Erkenntnissen ziehen können.*
Ehrenamtliche Tätigkeit oder Ähnliches ausüben

4 D Motivation – Grundlage für Erfolg?

Schülerband S. 51–53

Anlage des Unterkapitels 4 D – Inhalte und Fragestellungen
In dem Unterkapitel geht es um Erfolg und um die Frage, wovon es abhängt, dass jemand erfolgreich ist. Es zeigt sich, dass die Antwort auf diese Frage viel mit Motivation zu tun hat. Dabei geht es auch um die Frage, wie die innere Einstellung das eigene Leistungsvermögen beeinflusst und welche Haltung besonders günstig ist, wenn man gute Ergebnisse erreichen möchte.

Lösungsvorschläge

1

Individuelle Lösungen

2

a) Es wird eigentlich getestet, ob sich die Kinder beherrschen können, ob es ihnen gelingt, den Drang zu kontrollieren, die Süßigkeit sofort zu essen, oder ob sie sich gehen lassen und ihren momentanen Begierden ausgeliefert sind. Selbstbeherrschung, d. h. die Fähigkeit, die eigenen Leidenschaften zu kontrollieren, statt deren Sklave zu werden, gilt seit der Antike als wichtige Tugend und ist ein Teil des Charakters.

b) Über die Kinder, die den Test bestehen, kann man sagen, dass sie diszipliniert sind und dass sie sich nicht von einem augenblicklichen Impuls beherrschen lassen. Die anderen Kinder genießen lieber sofort, statt sich für eine spätere Belohnung zu beherrschen. Das hat viel mit Motivation zu tun. Die Motivation richtet sich auf das weiter entfernte Ziel (die zwei Marshmallows) und sie ist – im Erfolgsfall – so stark, dass die Kinder der Versuchung, die von dem einen Bonbon ausgeht, nicht erliegen. Dabei nutzen sie auch bestimmte Strategien (Augen zuhalten usw.). Das ist ein schönes Beispiel für Selbstmotivation, man könnte auch von Selbstmanagement sprechen.

c) Es lassen sich zahlreiche Beispiele aus den verschiedenen Lebensbereichen finden. Das Muster ist dabei immer dasselbe. Wähle ich von zwei Möglichkeiten diejenige, die im Moment angenehm ist, aber später Nachteile mit sich bringt, oder entscheide ich mich dafür, im Moment auf die Befriedigung meiner Bedürfnisse zu verzichten, um dann zu einem späteren Zeitpunkt eine „Belohnung" zu erhalten, die mehr wert ist? In dem Beispiel aus dem Schülerband muss sich Carlos entscheiden, ob er mit seinem Freund am Computer spielen will (was sicher im Moment mehr Freude bereitet, als sich auf die Klausur vorzubereiten) oder ob er das eben nicht tut, um dann bei der Klassenarbeit mehr Erfolg zu haben.
Ein Beispiel für einen jungen Mann, bei dem die Selbstbeherrschung ausgeprägt ist, ist Tolga (vgl. Schülerband S. 43).

HINWEIS

Daniel Goleman schreibt: *„Wohl keine psychologische Fähigkeit ist grundlegender als die, einem Impuls zu widerstehen; sie ist die Wurzel jeglicher emotionalen Selbstbeherrschung, da alle Emotionen ihrem Wesen nach in den einen oder anderen Handlungsimpuls münden."* (Daniel Goleman, Emotionale Intelligenz. Übersetzt von Friedrich Giese © Carl Hanser Verlag, München 2009, S. 109)

Und weiter:
Was Walter Mischel, der die Untersuchung [gemeint ist die „Marshmallow-Probe"] *durchführte, mit der ziemlich ungeschickten Wendung „zielgerichteter, selbstauferlegter Gratifikationsaufschub" bezeichnet, ist vielleicht der Kern der emotionalen Selbstregulierung: die Fähigkeit, dem Impuls zu widerstehen, um einem Ziel zu dienen, ob man nun ein Buch schreibt, eine algebraische Gleichung löst oder den Stanley Cup, die Meisterschaft der National Hockey League, zu erringen sucht. Sein Ergebnis unterstreicht die Bedeutung der emotionalen Intelligenz als einer Meta-Fähigkeit, von der es abhängt, wie gut oder schlecht man seine sonstigen geistigen Fähigkeiten nutzen kann.* (Ebd. S. 111)

3

Individuelle Lösungen

Möglichkeit:

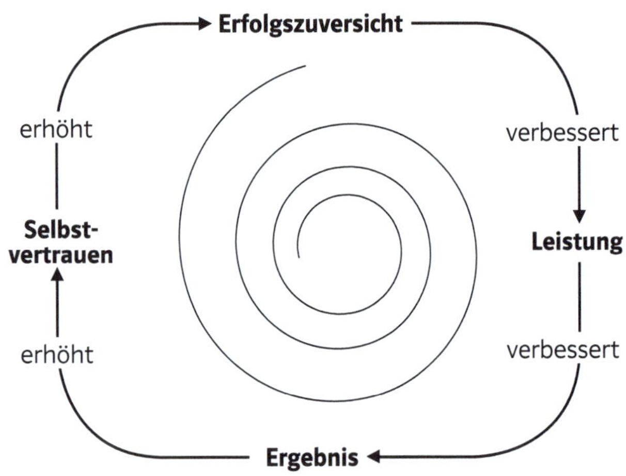

4

SITUATION A

Folgende Erklärung wäre denkbar:
Die erfolgsorientierten Schwimmer könnten die schlechte Zeit als Ansporn verstanden haben. Sie zweifeln nicht grundsätzlich an ihren Fähigkeiten und schreiben das schlechte Ergebnis der unzureichenden Anstrengung zu. Sie reagieren darauf, indem sie diese Anstrengung erhöhen. Darum gelingt es ihnen, die Zeit noch einmal zu verbessern.
Die zweite Gruppe von Schwimmern besteht aus misserfolgsängstlichen Sportlern. Sie zweifeln aufgrund des schlechten Ergebnisses an ihren Fähigkeiten. Das vermeintlich schlechte Ergebnis verringert das Selbstvertrauen. Das erhöht die Angst vor Misserfolg und diese wiederum führt zu einer schlechteren Leistung.

SITUATION B

Katja ist tief enttäuscht vom mangelnden Erfolg ihrer Bemühungen. Sie könnte auf den Misserfolg reagieren, indem sie ihre Bemühungen überprüft und gegebenenfalls verändert oder intensiviert. Bei einer solchen kritischen Prüfung wäre sie vielleicht zu dem Ergebnis gekommen, dass Bananen-Milchshake und Kekse nicht die ideale Ernährung sind, wenn man abnehmen will. Stattdessen reagiert sie verzweifelt und trotzig. Sie sieht plötzlich überhaupt keinen Sinn mehr in ihren Bemühungen, da sie das Ziel für unerreichbar hält. Dass sie sich dann noch mit Pralinen vollstopft, ist sicher auch kein Ausweg aus ihrer Situation, sondern verschlimmert diese. Katja kann offensichtlich nur schlecht mit Enttäuschungen und Misserfolgserfahrungen umgehen.

SITUATION C

Die drei Jugendlichen haben alle dasselbe Ziel, nämlich einen Ausbildungsplatz zu bekommen, und sie haben erfahren, dass dieses Ziel schwer zu erreichen ist. Die drei reagieren ganz unterschiedlich auf diese Nachricht.
Kevin verschließt die Augen vor den Schwierigkeiten und vor der Realität. Er sieht in der neuen Information zumindest keinen Grund, seine Anstrengung zu erhöhen. Er überschätzt sich selbst und unterschätzt die Schwierigkeiten. Dabei wirkt seine Selbstsicherheit ein wenig überheblich, da er eigentlich keinen Grund für diese Selbsteinschätzung hat. Wenn er sich beraten lassen hätte, hätte er bestimmt erfahren, dass die Sonnenbank und ein neues T-Shirt kaum dafür ausreichen, ihm den begehrten Ausbildungsplatz zu verschaffen. Ob Kevin tatsächlich von sich überzeugt ist oder ob es sich dabei nur um eine Strategie handelt, um unangenehme Erfahrungen zu verdrängen, lässt sich nicht entscheiden.
Anica reagiert anders. Nachdem sie gehört hat, wie schwierig es ist, den begehrten Platz zu bekommen, und nachdem sie einen Blick in das Lehrbuch geworfen hat, hat sie innerlich schon resigniert. Sie unternimmt keine weiteren Anstrengungen, rechnet schon mit einem Misserfolg und geht nur zu dem Eignungstest, weil man ja nie ausschließen kann, dass ein

Wunder geschieht. Anica und Kevin sind nicht erfolgsorientiert und sie sind eigentlich auch nicht motiviert. Zwar hätten auch diese beiden gern Erfolg und sie würden sich über den Ausbildungsplatz freuen, sie sind aber nicht in der Lage, zielgerichtete Energien zu aktivieren, wenn es darauf ankommt.
Bei **Alexis** verhält es sich anders. Er nutzt die Zeit, so gut es geht. Dazu gehört, dass er sich gut vorbereitet und auch dass er sich Hilfe holt. Das ist zwar auch keine Garantie, dass er den Ausbildungsplatz tatsächlich bekommt, aber er hat zumindest alles getan, was unter den gegebenen Umständen noch möglich ist.
Bei Anica und Kevin brauchte ein Personalverantwortlicher in einem Bewerbungsgespräch nur zu fragen, wie sie sich auf den Eignungstest vorbereitet haben, um zu dem Schluss zu kommen, dass sich die beiden eher nicht für eine anspruchsvolle Ausbildung eignen, da es Zweifel an ihrer Motivation gibt.

PORTFOLIO

a) *Fassen Sie kurz die Erkenntnisse über die Auswirkung der Motivation auf den Erfolg und den Umgang mit Erfolgen und Misserfolgen zusammen, die für Sie besonders bedeutsam sind.*
- Es ist wichtig, dass man für sich klärt, welche Erfolge im Leben eigentlich wichtig sind.
- Die „Marshmallow-Probe" hilft dabei vorherzusagen, wie gut Kinder später im Leben zurechtkommen.
- Überprüft wird dabei, ob es gelingt, einen momentanen Impuls zu kontrollieren und die Befriedigung eines Bedürfnisses aufzuschieben.
- Diese Fähigkeit ist der Kern emotionaler Selbstregulierung: Man bündelt die Kräfte und behält ein größeres, aber auch weiter entferntes Ziel im Auge.
- Auch die Grundeinstellung, mit der man eine Aufgabe angeht, ist wichtig für den Erfolg.
- Pessimistisches und misserfolgsängstliches Denken kann dazu führen, dass die Leistung schlechter wird, was wiederum das negative Denken bestätigt usw.
- Umgekehrt kann optimistisches und erfolgsorientiertes Denken zu besseren Leistungen führen.
- Es ist auch wichtig, wie man auf Erfolge bzw. Misserfolge reagiert.

b) *Notieren Sie Beobachtungen aus Ihrem Leben oder auch aus Büchern, Filmen usw., die zu diesen Erkenntnissen passen oder ihnen widersprechen.*
- Die Beobachtungen könnten sich auf zentrale Begriffe wie Erfolg oder Selbstbeherrschung beziehen.
- Es könnten aber auch Beispiele oder Situationen aus dem Schülerband aufgegriffen und mit den eigenen Erfahrungen verbunden werden.

c) *Legen Sie fest, welche Konsequenzen Sie aus diesen Erkenntnissen ziehen können.*
- Die Schülerinnen und Schüler könnten sich fragen, wie es bei ihnen mit der Selbstdisziplin aussieht und was sie tun könnten, um sich in diesem Bereich zu verbessern.
- Sie könnten aber auch zu dem Ergebnis kommen, ihnen persönlich sei diese Art von Disziplin nicht so wichtig usw.

4 E Ein Modell der Arbeitsmotivation

Schülerband S. 54–55

Anlage des Unterkapitels 4 E – Inhalte und Fragestellungen
In dem Unterkapitel lernen die Schülerinnen und Schüler eine weitere Theorie der Motivation kennen. In diesem Fall handelt es sich um ein Modell (Porter und Lawler), das den komplexen Prozess der Leistungs- und Arbeitsmotivation abbildet. Dabei wird untersucht, in welchem Verhältnis die relevanten Faktoren (z. B. Leistung, Anstrengung, Zufriedenheit) zueinander stehen und wie sie sich gegenseitig beeinflussen. Auch diese Theorie sollen sich die Schülerinnen und Schüler über die Anwendung auf konkrete Fälle erarbeiten. Abschließend geht es um die Frage, wie die Möglichkeiten der Motivation einzuschätzen sind und wo deren Grenzen liegen.

Lösungsvorschläge

1

→ *Siehe Kopiervorlage (Formblatt, S. 71)*

Modell der Arbeitsmotivation von Porter und Lawler

	Fragen	Begriffe aus dem Modell
1	Wie sehr gibt sich die Person Mühe, die Arbeit zu erledigen?	Anstrengung
2	Wie viel Dank und Anerkennung von anderen (z. B. Lob, Prämie usw.) erhält die Person dafür, dass sie die Arbeit erledigt hat?	Extrinsische Belohnung
3	Welche Kompetenzen und Eigenschaften, die bei der Erledigung der Arbeit hilfreich sind, hat die Person?	Fähigkeiten und Persönlichkeitszüge
4	Wie viel Genugtuung bezieht die Person aus der Erledigung der Arbeit?	Intrinsische Belohnung
5	Wie gut, wie schnell und wie effektiv erledigt die Person ihre Arbeit?	Leistung
6	Passt die Leistung, die von der Person verlangt wird, zu deren Verständnis von den eigenen Aufgaben oder empfindet sie die geforderte Leistung als unangemessen?	Rollenwahrnehmung

Modell der Arbeitsmotivation von Porter und Lawler		
	Fragen	**Begriffe aus dem Modell**
7	Was wäre aus der Sicht der Person eine faire und angemessene Anerkennung für die geleistete Arbeit?	Wahrgenommene gerechte Belohnung
8	Wie verlockend ist für die Person in der gegenwärtigen Situation die Belohnung, die durch Anstrengung und Leistung zu erreichen wäre?	Wertigkeit der Belohnung
9	Wie befriedigt ist die Person vom Ergebnis ihrer Arbeit und der Anerkennung, die sie erhalten hat?	Zufriedenheit
10	Wie groß ist nach Meinung der Person deren Chance, durch Anstrengung und Leistung zu einem positiven Ergebnis zu kommen?	Wahrgenommene Wahrscheinlichkeit der Belohnung bei Anstrengung

2

SITUATION A

Der Auszubildende ist mit seiner Situation unzufrieden. Diese Unzufriedenheit ergibt sich daraus, dass seine Leistung (Schlitze klopfen) nicht zu einer intrinsischen Belohnung führt, d.h., dass er keine Freude an der monotonen Tätigkeit hat. Dazu kommt, dass es auch keine extrinsische Belohnung gibt. Stattdessen kritisiert ihn sein Meister. Vermutlich ist Muhammets Leistung auch tatsächlich nicht überragend, da es mehrere Faktoren gibt, die sie ungünstig beeinflussen. Die fehlende Belohnung für seine Tätigkeit verringert die Anstrengung, was wiederum die Leistung beeinflusst. Auch seine Rollenwahrnehmung kann diese Leistung schmälern. Muhammet ist davon überzeugt, dass man hier etwas von ihm verlangt, was man eigentlich nicht von ihm verlangen dürfte. Auch diese tatsächliche oder vermeintliche Ungerechtigkeit beeinträchtigt Leistung und Zufriedenheit.

SITUATION B

Nadine hat ein glückliches Privatleben und dazu erlebt sie im Beruf nur Positives. Sie erhält für ihre Leistung sicherlich eine intrinsische Belohnung, das Lob der Chefin ist zudem eine extrinsische Belohnung. Da es Nadine so gut geht und da sie so zufrieden mit ihrem Leben und ihrer Arbeit ist, müsste man annehmen, dass diese Situation leistungsfördernd ist. Dies gilt aber nicht im Hinblick auf die neue Aufgabe in der Qualitätssicherung. Nadine ist nicht richtig motiviert, diese Aufgabe zu übernehmen. Mithilfe des Modells lässt sich erklären, warum das so ist. Sie müsste für diese neue Aufgabe eine beträchtliche Anstrengung investieren, d.h., dass sie zusätzliche Arbeit auch am Wochenende leisten müsste. Dafür hat sie dann sowohl intrinsische als auch extrinsische Belohnungen in Aussicht. Da sie diese Belohnungen aber bereits zum gegenwärtigen Zeitpunkt bekommt, ist die Wertigkeit einer zusätzlichen Belohnung nicht hoch, zumal sie dafür Abstriche bei ihrem glücklichen Privatleben machen müsste.

SITUATION C

Auch bei Susanne Pöhlke läuft es beruflich richtig gut. Ein Projekt, das sie durchgeführt hat, ist zu einem guten Ende gebracht worden. Man kann davon ausgehen, dass sie genügend intrinsische Belohnung bekommen hat, und nun folgt auch noch die extrinsische Belohnung in Gestalt der Karte und des Weins. Aber diese Belohnung führt dazu, dass sich ihre Zufriedenheit ins Gegenteil verkehrt. Angesichts der Größenordnung des Projekts findet sie die Kiste Wein als Anerkennung unangemessen. Die „Wertigkeit der Belohnung" ist für sie zu gering, so gering, dass sie das gut gemeinte Signal als Hohn auffasst. Vielleicht hat sie mit einer wesentlich gewichtigeren Anerkennung gerechnet. Damit verkehrt sich die Wirkung des Geschenks ins Gegenteil: Sie nimmt es nicht als Zeichen von Wertschätzung auf, sondern hat den Eindruck, dass sie abgespeist wird.

3

Wenn man das Modell von Porter und Lawler anwendet, stellt sich der Sachverhalt folgendermaßen dar. Es lässt sich zunächst einmal feststellen, dass

Salvatore hochmotiviert ist – bis in die Zehenspitzen, wie es in Sportreportagen heißt. Das liegt daran, dass die Leistung, die er erbringen soll, mit einer sehr hohen extrinsischen Belohnung verbunden ist. Der hohe Geldbetrag, der in Aussicht steht, erscheint für Salvatore sehr reizvoll (Wertigkeit der Belohnung). Dazu kommen weitere extrinsische Anreize: das zu erwartende Lob seiner Mutter oder die Anerkennung durch die Zuschauer. Das Modell erlaubt es aber auch festzustellen, was an der Motivationslage schwierig ist. Da sind zum einen die „Fähigkeiten und Persönlichkeitszüge". Salvatore verfügt nicht über das notwendige Können, um auch nur die geringste Chance zu haben. Das weiß er natürlich, und er erkennt, dass die „Wahrscheinlichkeit der Belohnung bei Anstrengung" sehr, sehr gering ist.

4

Der Fall von Salvatore ist vor allem dazu geeignet, die Grenzen der Möglichkeiten von Motivation aufzuzeigen. Salvatore ist darum motiviert, weil ihm die Belohnung, die in Aussicht steht, so verlockend erscheint: 1 Million €. Zu seiner Motivation trägt aber auch bei, dass er unter Druck steht. Er ist offenbar in einer schwierigen Situation und braucht dringend Geld. Die Sorge, seine Mutter zu enttäuschen, trägt ebenfalls zu diesem Druck bei, genauso wie die Zuschauer und der zynische Moderator. Dennoch hat Salvatore keine Chance, das Ziel zu erreichen. Er hätte auch dann keine Chance, wenn der Anreiz und der Druck weiter erhöht würden, z. B., wenn ihm 10 Millionen in Aussicht gestellt würden und wenn seine Frau ihm bei Misserfolg mit Trennung drohen würde. Damit wird die Veranstaltung, in der Salvatore die Hauptrolle spielt, zu einer menschenverachtenden Vorführung. Verallgemeinernd lässt sich sagen, dass fehlende Fähigkeiten nur bis zu einem gewissen Grad durch erhöhte Motivation ausgeglichen werden können. Der weitverbreitete Gedanke, man müsse nur alles geben und an sich glauben, dann könne man alles erreichen, ignoriert diese selbstverständliche Tatsache.

PORTFOLIO

a) *Fassen Sie kurz die Erkenntnisse über Arbeitsmotivation zusammen, die für Sie besonders bedeutsam sind.*

- Anstrengung, Leistung, Zufriedenheit und andere wichtige Faktoren bedingen sich gegenseitig.
- Es gibt Rückkoppelungseffekte, z. B. wirkt sich die Zufriedenheit auf die künftige Motivation aus.
- Auch die Frage, wie wahrscheinlich es sei, dass man für eine Anstrengung eine bestimmte Belohnung bekommt, beeinflusst die Motivation.
- Eine Person, die rundum zufrieden ist, entwickelt daraus nicht notwendigerweise neue Motivation für künftige Aufgaben.
- Eine Anerkennung, die nach Meinung der betroffenen Person zu gering ausfällt, kann die Motivation senken.
- Nicht jede Leistung lässt sich durch Anreize und Druck erreichen.

b) *Notieren Sie Beobachtungen aus Ihrem Leben oder auch aus Büchern, Filmen usw., die zu diesen Erkenntnissen passen oder ihnen widersprechen.*
Situationen, in denen unrealistische Vorsätze gemacht wurden, oder Situationen, in denen die Arbeitszufriedenheit eine große Rolle spielte, usw.

c) *Legen Sie fest, welche Konsequenzen Sie aus diesen Erkenntnissen ziehen können.*
Man könnte etwa zu dem Schluss kommen, dass man beizeiten an den „Fähigkeiten und Persönlichkeitszügen" arbeiten sollte, um für verschiedene Situationen gewappnet zu sein.

Person	**Merkmale der Person/ Aktivität**	**Was die Person wahrnimmt – bezogen auf die Handlung** (Handlung in diesem Fall = Bratwurst kaufen und essen)	**begünstigende Faktoren für die Handlung**	**hemmende Faktoren**
A Bertram				
B Angelika				
C Nadine				
D Can				
E Tolga				

© Ernst Klett Verlag GmbH, Stuttgart 2012 | Be.Komm, Lehrerband | ISBN 978-3-12-803902-2

	Situation B (Johannes)	**Situation C** (Pedro)
intrinsische Motivation?		
extrinsische Motivation? (Anreiz)		
Selbstmotivation?		
Fremdmotivation? (Person)		

© Ernst Klett Verlag GmbH, Stuttgart 2012 | Be.Komm, Lehrerband | ISBN 978-3-12-803902-2

Modell der Arbeitsmotivation von Porter und Lawler		
	Fragen	**Begriffe aus dem Modell**
1	Wie sehr gibt sich die Person Mühe, die Arbeit zu erledigen?	
2	Wie viel Dank und Anerkennung von anderen (z. B. Lob, Prämie usw.) erhält die Person dafür, dass sie die Arbeit erledigt hat?	
3	Welche Kompetenzen und Eigenschaften, die bei der Erledigung der Arbeit hilfreich sind, hat die Person?	
4	Wie viel Genugtuung bezieht die Person aus der Erledigung der Arbeit?	
5	Wie gut, wie schnell und wie effektiv erledigt die Person ihre Arbeit?	
6	Passt die Leistung, die von der Person verlangt wird, zu deren Verständnis von den eigenen Aufgaben oder empfindet sie die geforderte Leistung als unangemessen?	
7	Was wäre aus der Sicht der Person eine faire und angemessene Anerkennung für die geleistete Arbeit?	
8	Wie verlockend ist für die Person in der gegenwärtigen Situation die Belohnung, die durch Anstrengung und Leistung zu erreichen wäre?	
9	Wie befriedigt ist die Person vom Ergebnis ihrer Arbeit und der Anerkennung, die sie erhalten hat?	
10	Wie groß ist nach Meinung der Person deren Chance, durch Anstrengung und Leistung zu einem positiven Ergebnis zu kommen?	

Klett
© Ernst Klett Verlag GmbH, Stuttgart 2012 | Be.Komm, Lehrerband | ISBN 978-3-12-803902-2

Konflikte – Grundlagen, Auswirkungen, Lösungen

Anlage des gesamten Kapitels 5 – Inhalte und Fragestellungen

Im gesamten Kapitel 5 sollen die Schülerinnen und Schüler ihr Verständnis von Konflikten vertiefen, d. h., dass sie Konflikte und deren Auswirkungen besser wahrnehmen, einschätzen und verstehen können. Darüber hinaus sollen sie Strategien erwerben, um mit Konflikten umzugehen.

Dabei geht es in Kapitel 5 A zunächst um ein Grundverständnis: Was sind Konflikte? Welche Ursachen haben sie? Welche Formen von Konflikten gibt es? Wie wirken sich Konflikte aus?

In Kapitel 5 B wird die Frage nach den Konfliktfolgen gestellt, und zwar für Unternehmen. Ist es ein sinnvolles und realistisches Ziel, Konflikte ganz aus einem Unternehmen zu verbannen? Unter welchen Umständen sind Konflikte schädlich? Wann sind sie nützlich?

Im Unterkapitel 5 C setzen sich die Schülerinnen und Schüler mit der Technik des Verhandelns auseinander. Verhandlungen sind ein wichtiges Mittel, um unterschiedliche Interessen auszugleichen und Konflikte zu bewältigen. Wenn man bei Verhandlungen erfolgreich sein möchte, sollte man die Verhandlungssituation richtig einschätzen und über gewisse Strategien verfügen. Diese Strategien sollen in dem Unterkapitel erprobt werden.

Unterkapitel 5 D befasst sich mit anderen konfliktbeladenen Situationen. Es geht um Kritikgespräche und um die Frage, wie man diese führen muss, damit sie konstruktiv sind.

Unterkapitel 5 E schließlich setzt sich mit persönlichen Angriffen auseinander und mit der Frage, wie man auf diese Angriffe reagieren sollte, um weiteren Schaden zu vermeiden.

5 A Grundlagen von Konflikten

Schülerband S. 56–57

Anlage des Unterkapitels 5 A – Inhalte und Fragestellungen
Jede Schülerin und jeder Schüler kennt Konflikte mit Eltern, Freunden, Lehrern usw. Diese Erfahrungen sind die Ausgangsbasis für die Kompetenzentwicklung in diesem Unterkapitel. Die von den Schülerinnen und Schülern angeführten „Fälle" sollen zunächst untersucht werden im Hinblick auf Ursachen, Verlauf, Folgen. Es folgt eine kompakte Information über Konflikte, die dann auf zwei Situationen angewandt wird.

Lösungsvorschläge

1 – 3

Individuelle Lösungen

4

➜ *Siehe Kopiervorlage (Formblatt, S. 90)*

Beteiligte	Art des Konflikts	Konfliktursachen	Konfliktverlauf
Situation A Bruno C., Uli Fleischer (sozialer Konflikt, Einzelperson gegen Einzelperson)	Man kann von einem **Konflikt auf der Beziehungsebene** sprechen, da Bruno seine Aufforderung und die damit verbundene Kritik etwas zu grob formuliert. Es gibt von einer Sekunde auf die nächste einen manifesten Konflikt. Auf der Sachebene gibt es zwischen den beiden keinen Konflikt.	Der Vorgang, um den es geht (Fleischer fährt nicht, Bruno C. beklagt sich.), ist lediglich der Anlass für das, was passiert. Die Situation ist auf beiden Seiten emotional aufgeladen, und zwar durch Vorgänge, die mit der Situation nichts zu tun haben: Bruno C. ist durch die Auseinandersetzung mit seiner Mutter verärgert, Uli Fleischer durch die Niederlage des FC Bayern München.	Für den weiteren Verlauf kann man nur das Schlimmste befürchten. Fleischer scheint Schwierigkeiten mit seiner Impulskontrolle zu haben und sofort mit körperlicher Gewalt zu reagieren, wenn er sich angegriffen fühlt. Darauf deutet seine Vorstrafe wegen Körperverletzung hin. Es gibt also eine Eskalation, und zwar „von null auf hundert". Eine Entwicklung, die für beide Beteiligte schlimme Folgen haben könnte.

Beteiligte	Art des Konflikts	Konfliktursachen	Konfliktverlauf
Situation B Zunächst Marco Gonzalez und sein Chef, dann Marco Gonzalez und Anna Petrini (zwei soziale Konflikte, jeweils Einzelperson gegen Einzelperson)	Zwischen Marco und seinem Chef gibt es zunächst einen **Konflikt auf der Sachebene**. Das könnte ein Verteilungskonflikt sein. (Darf Marco später zur Arbeit kommen?) Es ist aber auch ein **Beziehungskonflikt,** da Marco sich durch die Kritik (Standpauke) gekränkt fühlt. Zwischen Anna und Marco gibt es einen (leichten) **Verteilungskonflikt auf der Sachebene**. (Wer muss den Arbeitsplatz aufräumen?)	Der Konflikt zwischen Marco und seinem Chef führt für Marco zu einer emotional belasteten Situation, da er sich vermutlich schlecht behandelt fühlt. Anna erhebt zwar Vorwürfe gegen Marco, diese sind aber eher scherzhaft gemeint und unter Kollegen üblich. Die heftige Reaktion, die sie „abbekommt", bezieht ihre emotionale Energie aus dem vorangegangenen Vorfall zwischen Marco und dem Chef.	Der Konflikt zwischen Marco und seinem Chef scheint ausgestanden zu sein. Allerdings ist es denkbar, dass dieser Konflikt weiter schwelt, zumindest bei Marco, der sich schlecht behandelt fühlt. Bei dem Konflikt zwischen Anna und Marco bestand die Gefahr, dass es zu einer Eskalation kommt. Da Anna den Angriff von Marco aber ignorierte, hatte der Zeit „abzukühlen". Nach einiger Zeit erkennt er, dass er die Kollegin unfair behandelt hat, und entschuldigt sich. Annas Lächeln zeigt, dass sie diese Entschuldigung akzeptiert.

PORTFOLIO

a) *Fassen Sie kurz die Erkenntnisse über Konfliktursachen zusammen, die für Sie besonders bedeutsam sind.*
- Konflikte können ganz unterschiedliche Formen haben.
- Die Ursachen von Konflikten sind oft nicht unmittelbar zu erkennen, sie können vielmehr aus anderen Situationen stammen.
- Konflikte haben eine Neigung zur Eskalation.
- Darum kann es sehr sinnvoll sein, einen Angriff einfach zu ignorieren.

b) *Notieren Sie Beobachtungen aus Ihrem Leben oder auch aus Büchern, Filmen usw., die zu diesen Erkenntnissen passen oder ihnen widersprechen.*
Erfahrungen mit Konflikten, deren Ursachen und Verlaufsformen dargestellt werden könnten:
- Analyse eines Kriegs
- Kleist, Michael Kohlhaas
- Schiller, Die Räuber
- Actionfilme (Begründung für die „Action") usw.

c) *Legen Sie fest, welche Konsequenzen Sie aus diesen Erkenntnissen ziehen können.*
Man könnte z. B. den Vorsatz fassen, den augenblicklichen Ärger häufiger „hinunterzuschlucken", statt jeden Konflikt auszufechten.

5 B Auswirkung von Konflikten am Arbeitsplatz

Schülerband S. 58–59

Anlage des Unterkapitels 5 B – Inhalte und Fragestellungen
In diesem Unterkapitel wird anhand zweier Texte über Konflikte am Arbeitsplatz untersucht, ob es tatsächlich so ist, wie man zunächst vermuten könnte, dass nämlich ein Betrieb vor allem dann gut funktioniert, wenn die Arbeit konfliktfrei abläuft.

Lösungsvorschläge

1

Individuelle Lösungen

2

Text 1
Der Text macht keine Angaben darüber, ob es möglich wäre, Konflikte aus Unternehmen gänzlich zu verbannen. Da der Text sich vor allem mit den Konfliktkosten, also den negativen Auswirkungen von Konflikten am Arbeitsplatz befasst, legt er den Schluss nahe, dass es wünschenswert sei, keine Konflikte im Unternehmen zu haben.

Text 2
Ob es möglich wäre, ein Unternehmen ganz ohne Konflikte zu führen, wird auch aus diesem Text nicht deutlich. Immerhin wird erwähnt, dass es die Auffassung gebe, man müsse die Zusammenarbeit zwischen Marketing und Vertrieb möglichst harmonisch und darum konfliktfrei gestalten.
In dem Text wird behauptet, dass Konflikte ein wichtiger Schritt auf dem Weg zu optimalen Lösungen seien. Insofern wäre es sicher nicht wünschenswert, diese Konflikte aus den Unternehmen zu verbannen.

3

a)
- Konflikte in Unternehmen haben unangenehme Folgen. Dazu gehören Kündigung bzw. Krankheit von Mitarbeitern, gescheiterte oder verschleppte Projekte, entgangene Aufträge. All das führt für die Unternehmen zu beträchtlichen Kosten.
- Schädlich sind solche Konflikte, die „ins Persönliche eskalieren", und von der inhaltlich-sachlichen Ebene „auf die Macht- und Beziehungsebene überschwappen".

b)
Konflikte erhöhen dann die Wirtschaftlichkeit, wenn sie konstruktiv sind, das heißt, wenn sie aufgrund von unterschiedlichen Bewertungen eines Sachverhalts zustande kommen, die sich aus den verschiedenen Perspektiven ergeben.

PORTFOLIO

a) *Fassen Sie kurz die Erkenntnisse über die Auswirkungen von Konflikten am Arbeitsplatz zusammen, die für Sie besonders bedeutsam sind.*

- Manche Menschen meinen, Konflikte in Unternehmen sollten möglichst vermieden werden, Harmonie sei das oberste Ziel.
- Diese Sichtweise lässt sich dadurch stützen, dass man auf die hohen Kosten hinweist, die Konflikte verursachen können.
- Es zeigt sich allerdings auch, dass Konflikte innerhalb eines Unternehmens sehr wichtig und hilfreich sein können.
- Die Konflikte helfen dabei, optimale Lösungen zu finden, indem sie Entscheidungen verbessern.
- Die Grundvoraussetzung dafür ist aber, dass die Konflikte auf eine konstruktive Weise ausgetragen werden und sachbezogen bleiben.
- Dagegen sind Konflikte, bei denen es in erster Linie um Macht und um das persönliche Ansehen einer Person geht, oft destruktiv.

b) *Notieren Sie Beobachtungen aus Ihrem Leben oder auch aus Büchern, Filmen usw., die zu diesen Erkenntnissen passen oder ihnen widersprechen*

Es könnte auf Konflikte in Organisationen (z. B. Vereinen) verwiesen werden, die sich positiv bzw. negativ auswirkten usw.

c) *Legen Sie fest, welche Konsequenzen Sie aus diesen Erkenntnissen ziehen können.*

Individuelle Lösungen

5 C Bewältigung von Konflikten: Verhandeln

Schülerband S. 60–63

Anlage des Unterkapitels 5 C – Inhalte und Fragestellungen
In dem Unterkapitel werden zunächst Situationen untersucht, in denen unterschiedliche Interessen aufeinanderprallen. Es wird die Frage gestellt, ob eine Verhandlung das geeignete Mittel für einen Interessenausgleich ist und wovon das abhängt. Die Schülerinnen und Schüler erfahren und erproben, welche Verhaltensweisen und Strategien geeignet sind, in einer Verhandlungssituation ein günstiges Ergebnis herbeizuführen.

Lösungsvorschläge

1

Individuelle Lösungen

2

Verhandlungsführung des Einkäufers A
A geht sehr forsch voran, er ist dabei aber weder einfühlsam noch geschickt. Ihm geht es nur um den Preis, die lange Lieferzeit des Herstellers nutzt er nicht für seine Verhandlungsführung. Um den Preis zu senken, droht er damit, bei einem anderen Anbieter zu kaufen: eine Drohung, die nicht sehr glaubhaft ist, da beide Verhandlungspartner den Markt kennen. Auch As Kritik an der altmodischen Form der Stühle wirkt nicht überzeugend. Ungeschickt ist es außerdem, dass er die Beratung kritisiert und erwähnt, der Stuhlhersteller könnte bald vom Markt verschwinden. Das ist bloße Nörgelei und kaum dazu geeignet, As Verhandlungsposition zu stärken. Zudem können diese Aussagen seinen Verhandlungspartner verärgern. Am Schluss hat sich A auf der Sachebene überhaupt nicht durchgesetzt. Ohne Abstriche nimmt er das ursprüngliche Angebot an. Dafür hat er es seinem Geschäftspartner auf der Beziehungsebene „gezeigt", indem er unfreundlich zu ihm war. Zumindest kann er sich das selber einreden. Viel genutzt hat ihm diese Verhandlungsführung nicht.

Verhandlungsführung des Verkäufers V
Die Verhandlungsführung des Verkäufers ist sehr defensiv. Er weiß genau, dass sein Angebot gut ist und dass er darum weder darauf angewiesen ist, seine Ware lauthals anzupreisen noch große Zugeständnisse zu machen. V ist sehr höflich, bleibt aber immer distanziert. Er zeigt nicht, wenn er sich über das Verhalten seiner Geschäftspartner ärgert.

Verhandlungsführung des Einkäufers B
B verhält sich in der Verhandlung sehr geschickt und hat damit Erfolg. Er baut eine Beziehung zu dem Verkäufer V auf, indem er immer wieder Humor ins Spiel bringt und in wertschätzender Weise auf den Verkäufer eingeht. Damit setzt B den Verhandlungsgrundsatz der Jesuiten um, indem er V auf der Beziehungsebene entgegenkommt und Respekt zeigt. Im Gegensatz zu Einkäufer A lobt B die Stühle. Er macht dem Verkäufer deutlich, dass der Preis für ihn ein Problem sei. Dabei verweist er aber auf sein Budget, nicht auf die Qualität der Stühle. Damit ist die Frage des Preises zu einem gemeinsamen Problem für beide geworden und eben nicht zu einer Streitfrage über den Wert der Stühle, bei der die beiden entgegengesetzte Positionen einnehmen würden. B nutzt die lange Lieferzeit, die ihm eigentlich egal sein könnte, als „Verhandlungsmasse". Dem Einwand von V, dass es feste Regelungen gäbe, begegnet B, indem er V damit schmeichelt, dass dieser doch sicher eine Entscheidungskompetenz habe, die über die Richtlinien hinausreiche. Die Einigung verläuft ganz im Sinne

von B. Er macht auf der Sachebene Zugeständnisse, was die Lieferzeit und die Zahlungsweise angeht. Das hilft V, ist aber für B gar kein Problem. Man kann also sagen, dass B den Grundsatz umgesetzt hat, dass er in der Sache hart geblieben ist, dass er aber in der Form sehr entgegenkommend war. Das führt zu einer sehr angenehmen Verhandlung, bei der B ein optimales Ergebnis erreicht.

3

➜ *Siehe Kopiervorlage (Formblatt, S. 91)*

Situationen	Wünsche von X	Gemeinsames Interesse	Wünsche von Y
A Urlaubsdiskussion	*Trubel*	*Zusammen in Urlaub fahren*	*Ruhe*
B Flohmarkt	Möglichst hoher Preis (250 €)	Verkauf soll zustande kommen.	Möglichst niedriger Preis (weniger als 250 €)
C Gehaltsdiskussion	Gehaltserhöhung um 500 €	Vermutlich wollen beide zu einer Einigung kommen, die den jeweils anderen zufriedenstellt.	Keine bzw. geringere Gehaltserhöhung wegen der Kosten
D Zimmer aufräumen	Tochter soll ihr Zimmer jetzt aufräumen und künftig besser Ordnung halten.	Vermutlich wollen beide keinen Streit miteinander haben.	Tochter möchte nicht besser Ordnung halten und sich nicht bevormunden lassen.
E Verhandlung zwischen Autohersteller und Zulieferer	X möchte, dass Y die Lagerhaltung übernimmt, um dadurch die Kosten von X zu senken. Möglichst viel Leistung zu möglichst geringem Preis.	Vermutlich wollen beide miteinander im Geschäft bleiben.	Y möchte nicht zu gleichem Preis mehr Leistung bieten. Möglichst wenig Leistung zu möglichst hohem Preis.

4

Wenn kein gemeinsames Interesse oder keine entgegengesetzten Wünsche vorhanden sind, ist eine Verhandlung entweder nicht möglich oder nicht erforderlich.
In beiden Fällen ist die Grundlage einer möglichen Verhandlungslösung nicht gegeben. Im ersten Fall würde das heißen, dass der Interessengegensatz dadurch gelöst wird, dass man einfach auseinandergeht, ohne eine Einigung zu suchen, d. h., dass der Flohmarktkunde zum nächsten Stand geht, die Angestellte sich eine neue Firma sucht, die Tochter auszieht usw. Im zweiten Fall sind Verhandlungen überflüssig, weil man sich leicht auf die Lösung verständigen könnte (z. B. Kauf des Sessels für 250 € usw.).

5

Individuelle Lösungen

6

Situation	Verhandlungsposition
A	*Siehe Beispiel im Schülerband, S. 62*
B	Wenn Y den Sessel unbedingt möchte und X das weiß, ist seine Position schwach. Wenn andererseits X den Sessel unbedingt loswerden muss und Y das weiß, ist die Position von X schwach.
C	Wenn Y auf X angewiesen ist und X leicht eine andere Stelle finden könnte, hat X eine starke Position. Wenn andererseits klar ist, dass X keine Alternativen hat, ist die Position von X schwach.
D	Wenn bei vorhergegangenen Konflikten klar wurde, dass X sich nicht durchsetzen kann und dass es keine negativen Konsequenzen für Y hat, wenn sie nicht gehorcht, ist die Position von X schwach. Die Position von X ist stark, wenn Y weiß, dass sie von seinem Wohlwollen abhängt, etwa weil sie etwas von X möchte.
E	Wenn X Alternativen hat und Y nicht, ist die Position von X stark. Umgekehrt gilt dasselbe.

7

→ *Siehe Kopiervorlage (Formblatt, S. 92)*

	Situation B	Situation C
a) Lösung, bei der X gewinnt	Verkauf für 250 €	X bekommt die 500 €.
b) Beispiel für Druckmittel von X	Ein anderer Kunde interessiert sich für den Sessel.	Eine andere Firma hat X ein gutes Angebot gemacht.
a) Lösung, bei der Y gewinnt	Verkauf zu einem sehr günstigen Preis.	Keine Lohnerhöhung
b) Beispiel für Druckmittel von Y	X braucht dringend Geld und Y weiß das.	X verdient jetzt schon mehr als die Kollegen. Der Betriebsrat verlangt die Gleichbehandlung aller.
c) Beispiel für Lose-lose	Es gibt keinen Handel, beide trennen sich verärgert.	Verhandlung endet im Streit, X wählt den Weg der „inneren Kündigung", Y ärgert sich über die nachlassende Leistung von X.

	Situation D	Situation E
a) Lösung, bei der X gewinnt	Y räumt auf.	X liefert zum selben Preis „just in time".
b) Beispiel für Druckmittel von X	Y darf nicht ausgehen, wenn sie nicht aufgeräumt hat.	X droht, einen anderen Zulieferer zu beauftragen.
a) Lösung, bei der Y gewinnt	Y räumt nicht auf.	Die Lieferbedingungen ändern sich nicht.
b) Beispiel für Druckmittel von Y	Wenn sie aufräumen muss, macht sie keine Hausaufgaben.	Y droht mit unvermeidbaren Lieferschwierigkeiten.
c) Beispiel für Lose-lose	Das Problem wird nicht gelöst, die Atmosphäre ist vergiftet.	X und Y beenden ihre Geschäftsbeziehung, die für beide gut funktioniert hat.

8

→ *Siehe Kopiervorlage (Formblatt, S. 93)*

Problematische Äußerungen	a) Erläuterungen, weshalb diese Äußerungen als persönliche Angriffe verstanden werden	b) Positive Äußerungen, die das Selbstwertgefühl des Partners stützen
A Y: „Du bist ein rücksichtsloser Egoist. Dir geht es immer nur um dein eigenes Vergnügen. Außer Partys interessiert dich doch gar nichts!"	*Siehe Schülerband*	*Siehe Schülerband*
B Y: „Sie haben ja keine Ahnung. Das ist kein Biedermeier, der Sessel stammt aus den 50er-Jahren. Der ist höchstens 100 € wert."	Die Sachkenntnis des Händlers wird in Zweifel gezogen. Damit wird sein Stolz verletzt. Er reagiert vermutlich mit Abwehr.	Y: „Sie sind der Experte. Wenn Sie sagen, dass der Sessel so viel wert ist, dann glaube ich Ihnen das. Aber für mich kommt er zu diesem Preis leider nicht infrage."
C Chefin Y: „Bei Ihrer Leistung ist diese Forderung ein Witz. Sie sollten über Ihr jetziges Gehalt froh und glücklich sein. Na ja, über 50 € lasse ich vielleicht mit mir reden."	Hier wird X persönlich abgewertet, und das in ausgesprochen verletzender Weise. Auch die in Aussicht gestellten 50 € sind kein Trost, da die Gehaltserhöhung hier als reines Almosen erscheint.	Y: „Ich verstehe Ihre Forderung sehr gut. Sie sind eine meiner besten Mitarbeiterinnen und wenn ich frei entscheiden könnte, würde ich sofort Ja sagen. Aber damit käme die ganze Gehaltsstruktur in unserer Abteilung durcheinander. Lassen sie uns gemeinsam überlegen, was man da tun kann."

Problematische Äußerungen	a) Erläuterungen, weshalb diese Äußerungen als persönliche Angriffe verstanden werden	b) Positive Äußerungen, die das Selbstwertgefühl des Partners stützen
D Tochter Y: „Von dir lasse ich mir gar nichts befehlen!"	Es geht nicht mehr um das Aufräumen, der Vater sieht seine Autorität und seine Rolle infrage gestellt. Es droht eine Eskalation.	„Papa, du hast doch sonst immer Verständnis für mich. Wenn es mir in nächster Zeit einmal zeitlich reicht, will ich ja auch …, aber …"
E Autohersteller X: „Reden wir nicht lange herum. Wenn Sie nicht mehr an uns liefern können, können Sie Ihre Klitsche doch dichtmachen. Also bestimme ich die Bedingungen."	Y verliert sein Gesicht bei einer derartigen Einigung. Es wird ihm deutlich gemacht, dass er auf Gedeih und Verderb von X abhängig ist.	„Die Zeiten sind für uns alle nicht einfach. Wir stehen unter enormem Kostendruck. Mir wäre es auch lieber, wenn einfach alles so bliebe wie bisher. Aber wir haben bisher doch immer eine Lösung gefunden …"

9

Individuelle Lösungen

PORTFOLIO

a) *Fassen Sie kurz Erkenntnisse über die Konfliktbewältigung durch Verhandeln zusammen, die für Sie besonders bedeutsam sind.*
- Verhandlungen sind eine Möglichkeit der Konfliktbewältigung, bei der es einen Ausgleich gegensätzlicher Interessen gibt.
- Eine sehr gute Strategie der Verhandlungsführung besteht darin, dass man nur wenige Zugeständnisse in der Sache macht, dass man aber in der Form (im Umgang) sehr entgegenkommend und verbindlich ist.
- Es ist sehr hilfreich, wenn man sich bei einer Verhandlung klarmacht, wie groß der Verhandlungsspielraum ist und über welche Druckmittel beide Seiten verfügen.
- Ein Verhandlungsergebnis, bei dem eine Seite „besiegt" wird, hat oft langfristig negative Auswirkungen für beide Parteien.
- Ideal ist ein Verhandlungsergebnis, das einer „Win-win-Situation" entspricht.
- Man sollte in einer Verhandlung Aussagen vermeiden, die der Partner als persönlichen Angriff verstehen könnte.
- Im Sinne der Verhandlungsstrategie *Fortiter in re, suaviter in modo* kann es dagegen sinnvoll sein, das Selbstwertgefühl des Partners durch positive Äußerungen zu stützen.

b) *Notieren Sie Beobachtungen aus Ihrem Leben oder auch aus Büchern, Filmen usw., die zu diesen Erkenntnissen passen oder ihnen widersprechen.*
Verhandlungssituationen im Privatleben (z. B. Kauf oder Verkauf gebrauchter Gegenstände usw.)

c) *Legen Sie fest, welche Konsequenzen Sie aus diesen Erkenntnissen ziehen können.*
Praktische Erprobung von Verhandlungstaktiken

5 D Bewältigung von Konflikten: Konstruktive Kritikgespräche

Schülerband S. 64–67

Anlage des Unterkapitels 5 D – Inhalte und Fragestellungen
Oft führt ein Konflikt zu einem Kritikgespräch, vor allem dann, wenn es sich um einen Konflikt zwischen Vorgesetztem und Mitarbeiter handelt. Im günstigsten Fall führt ein solches Gespräch zu einer Lösung, im ungünstigsten Fall führt es zu einer weiteren Verschärfung der Auseinandersetzung.
In dem Unterkapitel wird untersucht, welche Art der Gesprächsführung konstruktiv ist und eine Lösung begünstigt oder zumindest nicht zu einer weiteren Eskalation führt. Dies wir deutlich, wenn zwei mögliche Verläufe eines Gesprächs zwischen einem Vorgesetzten und einem Auszubildenden verglichen werden. Im weiteren Verlauf des Kapitels lernen die Schülerinnen und Schüler konstruktive Gesprächstechniken kennen und erproben diese.

Lösungsvorschläge

1

Der Ansatzpunkt für ein Kritikgespräch ist immer ein bestimmtes Verhalten des Mitarbeiters, das der Vorgesetzte für kritikwürdig hält. Im Hinblick auf den fraglichen Sachverhalt könnte er zunächst einmal Information wünschen: War der Sachverhalt wirklich so, wie der Vorgesetzte das annimmt? Welche Gründe gab es für die Handlungsweise des Mitarbeiters? Dann könnte es darum gehen, welche Konsequenzen sich aus dem Sachverhalt ergeben. Dies könnten Konsequenzen für den Mitarbeiter oder solche für die Firma sein. Ein weiteres Ziel richtet sich auf die Zukunft. Was könnte getan werden, um die Konsequenzen der kritikwürdigen Handlung zu beseitigen? Wie lässt sich künftig ein ähnliches Fehlverhalten des Mitarbeiters vermeiden?
Eine ganze Reihe dieser Ziele lassen sich nur in einem offenen und vertrauensvollen Austausch erreichen. Dagegen liegt die Funktion der klassischen „Standpauke" vor allem darin, das Fehlverhalten ganz deutlich zu kennzeichnen und den Mitarbeiter zu bestrafen. Bei einem solchen – wenig zeitgemäßen – Gespräch ist die Kooperation des Mitarbeiters nicht erforderlich. Es reicht, wenn er sich die Kritik mit schuldbewusstem Gesicht anhört.

2

Hinweise zur Ausgangssituation
Der Konflikt zwischen Marco und seinem Chef entsteht spontan, zeigt aber sofort die Neigung zur Eskalation. Das liegt daran, dass der Konflikt seine emotionale Energie bei beiden Beteiligten aus anderen Quellen bezieht (vgl. Schülerband S. 57). Marco ist aufgrund der Vorgeschichte (Probleme, wenig Schlaf) äußerst empfindlich. Er reagiert sofort gekränkt, wenn er einen Angriff vermutet. Das ist schon bei Oskar Peters' erster Frage so. Statt auf den überdeutlichen Appell zu reagieren und seinem Chef zu sagen, weshalb er zu spät kommt, wählt Marco den wenig erfolgversprechenden Weg, die Äußerung falsch zu verstehen und auf die direkte Aussage zu reagieren. Für seinen Chef stellt die etwas kindische Antwort „Von daheim. Wieso?" eine Provokation dar. Er sieht seine Rolle und seine Autorität infrage gestellt (Beziehungsdefinition). Jetzt muss er der Sache nachgehen, obwohl es ihm lieber gewesen wäre, das Gespräch schnell zu beenden. Auch der Chef Oskar Peters steht unter Druck, und zwar aus Gründen, die mit Marco nichts zu tun haben.

Bewertung des Gesprächs (Version 1)
Der Chef macht Marco Vorhaltungen. Dabei kann die Frage, ob der andere „die Nacht durchgesoffen habe", durchaus freundschaftlich und fürsorglich gemeint sein, so wird sie von Marco aber nicht verstanden. Der fühlt sich zunehmend in die Enge getrieben und verteidigt sich mit allem, was ihm in den Sinn kommt. Dabei verweist er zunächst darauf, dass seine Privatangelegenheiten seinen Chef nichts angingen. Damit verärgert er Oskar Peters erst recht. Dieser fährt nun ein ganzes Arsenal von Vorwürfen auf. Marco ist jetzt vollends in Verteidigungshaltung, er reagiert wie ein verstocktes Kind, das davon überzeugt ist, dass ihm die ganze Welt unrecht tut.
Das Gespräch hat eine unglückliche Eigendynamik bekommen und sich in einer Weise entwickelt, wie das keiner der beiden Gesprächspartner wollte. Sowohl Oskar Peters als auch Marco dürften äußerst unzufrieden mit dem Verlauf und dem Ergebnis dieses Gesprächs sein. Beide haben nach dem Gespräch mehr Probleme als zuvor.

Bewertung des Gesprächs (Version 2)
In dieser Variante bricht Oskar Peters das Gespräch zunächst ab und verlegt es auf einen späteren Zeitpunkt. So können sich beide auf das Gespräch einstellen, das dann auch in einer freundlichen und offenen, für beide angenehmen Art geführt wird.
Oskar Peters erfährt bei dem Gespräch einiges, was ihm nicht klar war. So kann er das Verhalten von Marco besser einordnen, weil er die Gründe kennt. Marcos private Probleme werden dadurch nicht leichter, aber ihm ist deutlich geworden, dass alles nur noch schlimmer wird, wenn Schule und Berufsausbildung davon beeinträchtigt werden. Das Gespräch setzt bei Marcos Verhalten in Schule und Betrieb an und endet mit einer klaren Vereinbarung. Für beide Gesprächspartner sind Verlauf und Ergebnis dieses Gesprächs sehr positiv.

3

→ *Siehe Kopiervorlage (Formblatt, S. 94)*

a) Vorgehensweise	b) Bedeutung dieser Vorgehensweise
Gespräch wird auf den nächsten Tag festgelegt.	*Die Gesprächspartner reagieren nicht emotional aus der Situation heraus. Marco kann sich innerlich auf das Gespräch einstellen.*
Oskar Peters bietet Kaffee an.	Marco fühlt sich wohler und entspannter.
Oskar Peters verbittet sich Störungen.	Er signalisiert seinem Gesprächspartner, dass er sich ganz auf ihn konzentriert und dass ihm dieser Partner wichtig ist.
Oskar Peters plaudert zunächst etwas mit Marco.	Marco fasst Vertrauen, legt Befangenheit ab.
Oskar Peters leitet zwanglos über zu den Problemen (Berufsschule).	Er bringt Marco zum Reden. Marco fühlt sich nicht unter Druck oder in die Enge getrieben.
Oskar Peters praktiziert aktives Zuhören. Dabei vermeidet er es, Marco Vorwürfe zu machen. Er lässt Marco aussprechen, unterbricht nicht.	Marco spürt das Interesse und die wohlwollende Anteilnahme seines Chefs. Marco ist bereit, sich zu öffnen und von seinem Kummer zu sprechen.
Marco bestreitet den größten Teil des Gesprächs. Oskar Peters lenkt ihn durch Fragen.	Die wesentlichen Informationen kommen von Marco. Er fühlt sich erleichtert, dass er von seinen Problemen reden kann.
Oskar Peters lobt Marco.	Marco spürt das Wohlwollen seines Chefs.

a) Vorgehensweise	b) Bedeutung dieser Vorgehensweise
Oskar Peters bringt Marco dazu, über eine Änderung seines Verhaltens zu sprechen.	Nach der Analyse des Problems geht es um eine Lösung. Marco verspricht, sich zu ändern.
Ein neuer Gesprächstermin wird vereinbart.	Marco weiß, dass die Änderung seines Verhaltens kontrolliert wird. Das wird ihm helfen, „bei der Stange zu bleiben".

4

→ *Siehe Kopiervorlage (Formblatt, S. 95)*

Situationen	Äußerungen, bei denen **sachliche Kritik und ein negatives Urteil** über die Person **vermischt** sind	Äußerungen, die **sachliche Kritik mit einer Wertschätzung der Person verbinden**
B	*Siehe Schülerband*	„Herr Müller, wie lange arbeiten wir jetzt schon zusammen? Bei Ihnen ist doch normalerweise ein Wort ein Wort. Das habe ich auch den Leuten gesagt, dass sie sich wegen der Lieferung keine Gedanken machen sollen. Und jetzt? Jetzt sitzen wir ohne Material da. Herr Müller, bringen Sie das schnell in Ordnung, sonst ist mein Glaube an die Menschheit endgültig erschüttert."
C	*Siehe Schülerband*	„Herr Schütterle, ich weiß, dass das Thema Urlaubsplanung für Sie ein Dauerärgernis ist. Sie bemühen sich, alles möglichst gerecht zu regeln, und dann wird trotzdem noch gemeckert. Ich war sonst eigentlich immer zufrieden, aber dieses Mal … Was ich nicht verstehe, ist Folgendes: Ich habe schon im Januar …"
D	*Siehe Schülerband*	„Herr Bobdanovic, auf Ihre Einfälle konnte ich mich doch immer verlassen. Bisher haben Sie noch jede Nuss geknackt. Aber das mit dieser Zahncreme … Also, ganz ehrlich, das überzeugt mich nicht. Da müssen Sie noch einmal ran."

5

	„Ich-Botschaften"
Situation B	„Sie haben hier in diesem Stoff warme, zarte Pastellfarben. Das kombinieren Sie mit dem knalligen Rot des Futterstoffes. Ich weiß, dass Sie sich um ungewöhnliche Farbkombinationen bemühen, aber in diesem Fall finde ich, dass das gar nicht zusammenpasst. Nach meinem Gefühl wird das Grundmuster dadurch ganz erschlagen und kommt nicht zur Geltung."

	„Ich-Botschaften“
Situation C	„Du kennst die Formeln, und du weißt eigentlich auch, wie man so eine Gleichung auflöst. Trotzdem hast du von den letzten Aufgaben keine einzige richtig. Ich vermute, das liegt daran, dass du einfach zu nachlässig und unkonzentriert bist. Ich finde das sehr schade, weil du auf diese Weise wieder eine Fünf bekommen wirst, obwohl du den Stoff verstanden hast.“
Situation D	„Ich versuche, mit dir über meine beruflichen Schwierigkeiten und meine Ängste zu reden. Und du reagierst darauf mit Witzen. Das enttäuscht mich, weil ich mir Trost und Hilfe von dir erhofft habe. Ich finde es auch manchmal schön, herumzualbern, aber alles zu seiner Zeit.“

6

Die „Du-Botschaften“ stellen eine sehr ungenaue Art von Feedback dar. Die angesprochene Person fühlt sich im Ganzen angegriffen, in die Ecke gedrängt und wird dementsprechend mit heftiger Abwehr reagieren. Eine Aussage vom Typ „Du kränkst mich die ganze Zeit“ lässt sich auch einfach leugnen: „Das stimmt doch gar nicht!“. Demgegenüber ist es viel schwerer, die folgende Aussage abzustreiten: „Du machst immer wieder Witze über mich. Dadurch fühle ich mich gekränkt!“ Die mit „Ich-Botschaften“ ausgestatteten Aussagen bieten eine größere Chance, dass das eigentliche Problem auf den Tisch kommt. Nicht die ganze Person sitzt auf der Anklagebank, sondern es wird ein bestimmtes Verhalten kritisiert, von dem der angesprochenen Person deutlich wird, dass es der Partnerin/dem Partner nicht gefällt.

PORTFOLIO

a) *Fassen Sie kurz die Erkenntnisse über konstruktive Kritikgespräche sowie Du- und Ich-Botschaften zusammen, die für Sie besonders bedeutsam sind.*
- Ein Kritikgespräch so zu führen, dass es konstruktiv ist, erfordert Fingerspitzengefühl.
- Emotionale Kritik aus der Situation heraus kann das Problem verschlimmern, statt zu einer Lösung zu führen.
- Ein konstruktives Kritikgespräch vermischt die Kritik an einem Sachverhalt oder einem bestimmten Verhalten nicht mit Kritik an der ganzen Person.
- Kritik wird leichter angenommen, wenn sie mit dem Ausdruck der Wertschätzung für die Person verbunden wird.
- Eine Möglichkeit, um konstruktiv zu kritisieren, ist die Technik der „Ich-Botschaften“.

b) *Notieren Sie Beobachtungen aus Ihrem Leben oder auch aus Büchern, Filmen usw., die zu diesen Erkenntnissen passen oder ihnen widersprechen.*
- Beobachtungen, die ich gemacht habe, wenn ich Kritik geübt habe.
- Beobachtungen an mir, wenn ich kritisiert wurde.
- Umgang mit konstruktiver und destruktiver Kritik usw.

c) *Legen Sie fest, welche Konsequenzen Sie aus diesen Erkenntnissen ziehen können.*
Die Schülerinnen und Schüler könnten sich vornehmen, einzelne Techniken in bestimmten Situationen zu erproben usw.

5 E Bewältigung von Konflikten: Auf persönliche Angriffe reagieren

Schülerband S. 68–69

Anlage des Unterkapitels 5 E – Inhalte und Fragestellungen
Das Unterkapitel befasst sich mit einer meist sehr unangenehmen Situation in einem Gespräch. Ein Gesprächsteilnehmer hat die Sachebene verlassen und greift seinen Gesprächspartner persönlich an. Die Schülerinnen und Schüler vergleichen und erproben verschiedene Reaktionsmöglichkeiten auf einen solchen unfairen Angriff.

Lösungsvorschläge

1

Oskar Peters fühlt sich von seinem Mitarbeiter Herrn Bösinger persönlich angegriffen. Es geht nicht mehr nur um eine unterschiedliche Bewertung eines Sachverhalts. Dass die Mitglieder des Teams kontrovers über Sachfragen reden, ist sinnvoll und erwünscht.
Im Falle von Herrn Bösingers Äußerung nimmt Oskar Peters die Äußerung aber anders wahr. Die Sachfrage scheint für Herrn Bösinger nur der Anlass zu sein, um Oskar Peters und den anderen Anwesenden zeigen zu können, dass er von seinem Chef nicht viel hält und dass er dessen Autorität infrage stellt.
Der innere Konflikt von Oskar Peters äußert sich in zwei „Stimmen", die ihm unterschiedliche Handlungsanweisungen geben. Die erste Stimme verlangt, dass er sich Genugtuung verschaffen solle, indem er „zurückschlägt", indem er z. B. Bösinger direkt und unverblümt seine Meinung sagt. Die zweite Stimme ist die besonnene. Sie bringt Peters dazu, zunächst einmal nachzudenken und die Wirkung seiner Worte zu erwägen, statt spontan aus dem Impuls heraus zu handeln.

2

Individuelle Lösungen

HINWEIS

Es ist sehr sinnvoll, wenn die Vorschläge, die die Schülerinnen und Schüler machen, im Hinblick auf ihre Wirkung befragt werden. Dazu gehört, dass überprüft wird, wie sich die Reaktion des Chefs auf dessen Ansehen bei seinen Mitarbeitern auswirkt und ob sie zu seiner Rolle passt. Im Hinblick darauf könnte sowohl eine sehr vorsichtige als auch eine sehr heftige Reaktion problematisch sein. Im ersten Fall könnte der Eindruck entstehen, der Chef lasse sich auf der Nase herumtanzen, im zweiten könnte man meinen, er habe sich selbst und seine Reaktionen nicht im Griff. Letztlich wäre die zweite Möglichkeit für seine Mitarbeiter wohl die problematischere.

3

Äußerung A bezieht sich vorwiegend auf die Person („verbohrt", „kein Verständnis").
Äußerung B bezieht sich vorwiegend auf die Sache (Ausarbeitung).
Äußerung C bezieht sich ausschließlich auf die Sache (Angebot).

HINWEIS

Es zeigt sich, dass sich eine strenge Trennung von Person und Sache nicht durchführen lässt, besonders dann nicht, wenn die beiden folgenden Voraussetzungen gelten:

1. Diese Trennung ist schwierig, wenn jemand viel Mühe auf eine Arbeit verwendet hat und sich aus diesem Grund mit dem Ergebnis identifiziert. In so einem Fall wird er sich auch persönlich angegriffen fühlen, wenn jemand seine Arbeit kritisiert (vgl. Äußerung B).
2. Die Trennung von Person und Sache kann auch durch die Art aufgehoben werden, in der die Kritik geäußert wird. Geschieht dies sehr harsch, aggressiv und „von oben herab", fühlt sich der Angesprochene auch persönlich angegriffen.

4

Individuelle Lösungen

HINWEIS

In aller Regel ist die Neigung groß, einen solchen Angriff mit gleicher Münze zurückzuzahlen. Manche Menschen haben das Gefühl, dass sie Schwäche zeigen und eine Niederlage einstecken, wenn sie besonnen reagieren. Die Lösungen von Aufgabe 5 zeigen, dass diese Sichtweise falsch ist.

5

Fragen:	**Situation A** Sie reagieren spontan und heftig „aus dem Bauch heraus", Sie rächen sich für die Kränkung und verschaffen sich Genugtuung.	**Situation B** Sie zwingen sich vom Kopf her zu einem kontrollierten Verhalten. Sie bleiben äußerlich ruhig, versuchen Distanz zu gewinnen und sagen gar nichts.
1 Wie fühlen Sie sich direkt danach?	Vermutlich gut: „Der habe ich es aber gegeben."	Möglicherweise nicht so gut, wenn keine entsprechende Übung vorhanden ist. Sie könnten sich gedemütigt vorkommen.
2 Wie beurteilen Sie Ihr Verhalten am nächsten Tag?	Möglicherweise weniger gut. „Sich in der Öffentlichkeit so zu streiten. Was wohl die Nachbarn denken?"	Vermutlich besser: „Es war gut, sich nicht auf einen sinnlosen Streit einzulassen."
3 Wie wirkt Ihr Verhalten auf die aggressive Mutter?	Sie erfüllen genau ihre Erwartungen. Offenbar ist ein heftiger Streit genau das, was sie im Moment braucht.	Irritierend. Vermutlich kann sie mit diesem Verhalten wenig anfangen.
4 Wie beurteilt ein unbeteiligter Beobachter die Gesprächspartner?	Er ordnet Sie und die Mutter in eine Kategorie ein („Pack schlägt sich, Pack verträgt sich"), auch wenn er erkennt, dass sie angefangen hat.	Er dürfte für das Verhalten der Mutter wenig Sympathie aufbringen. Er erkennt klar, dass Sie über dieser Art der Auseinandersetzung stehen.

6

Individuelle Lösungen

Möglichkeit:
„Hören Sie einmal, ich habe versucht, zwischen Ihnen und den anderen zu vermitteln. Und dafür ernte ich von Ihnen wüste Beleidigungen. Zu gepflegten Umgangsformen gehört nicht nur die Sauberkeit in öffentlichen Parks, sondern auch die Art, wie man mit seinen Mitmenschen umgeht. Ich jedenfalls lege keinen Wert auf die Fortsetzung des Gesprächs mit jemandem, der mir vorwirft, ich sei ungepflegt."

7

SITUATION A
Hier wäre Metakommunikation nicht angebracht. Wenn jemand Streit sucht, ist er nicht bereit, sich auf eine vernünftige Auseinandersetzung einzulassen. Besser wäre es wohl, diesen Vorgang zu ignorieren.

SITUATION B
Hier könnte Metakommunikation eine Möglichkeit sein, um zu erfahren, was überhaupt los ist und ob der eigene Eindruck von der Situation richtig ist. Eine solche Äußerung könnte etwa so aussehen: „Mir fällt auf, dass du dich deutlich zurückhältst, wenn ich hier meine Luftschlösser baue. Ich habe den Eindruck, dass dir dieses Thema Unbehagen bereitet. Und jetzt sprichst du auch noch von „spießig und kleinkariert". Ich würde jetzt aber schon gerne wissen, was du damit meinst. Bezieht sich das nur auf meine Vorstellungen von einer Wohnung oder überhaupt auf eine gemeinsame Zukunft mit mir?"

SITUATION C
Hier ist Metakommunikation eine gute Reaktionsmöglichkeit. Diese Reaktion könnte z. B. so aussehen: „Es tut mir sehr leid, dass Sie solche Schwierigkeiten haben. Das rechtfertigt aber nicht, dass Sie mich beschimpfen und beleidigen. Wir sind ein großes Unternehmen. Da ist es nicht möglich, dass jeder Mitarbeiter über jede Lieferung Bescheid weiß. Wenn Sie mir jetzt noch einmal sagen, um welche Lieferung es sich handelt, werde ich Sie sofort an den zuständigen Kollegen weitervermitteln."

SITUATION D
Auch in dieser Situation wäre Metakommunikation eine gute Möglichkeit der Reaktion, z. B. so: „Ich verstehe Ihre Antwort so, dass ich mich nicht mehr um die Verbesserung der Abläufe kümmern soll, da ich nicht studiert habe. Diese Aussage wundert mich, da von der Firmenleitung doch immer wieder dazu aufgerufen wird, Verbesserungsvorschläge zu machen. Dabei war nie von einem Studium als Voraussetzung die Rede. Ich bin auch deshalb enttäuscht von Ihrer Antwort, weil ich viele Stunden an diesem Vorschlag gearbeitet habe. Da würde ich mir schon wünschen, dass Sie sich inhaltlich damit auseinandersetzen."

PORTFOLIO

a) *Fassen Sie kurz die Erkenntnisse über Reaktionsmöglichkeiten auf persönliche Angriffe zusammen, die für Sie besonders bedeutsam sind.*
- Wenn man unfair angegriffen wird, gibt es vor allem drei Reaktionsmöglichkeiten: aus dem Bauch heraus reagieren, kontrolliertes Ignorieren, Metakommunikation.
- Die eigenen Gefühle sind oft ein schlechter Ratgeber in einer solchen Situation.
- Die Befürchtung, dass man sein Gesicht verliert, wenn man nicht in irgendeiner Weise „zurückschlägt", ist meistens nicht angebracht.
- Darum ist es auch kein Versagen oder „Kneifen", wenn man sich einer problematischen Situation entzieht, sondern eine große Leistung, die Selbstdisziplin erfordert.
- In verfahrenen und komplizierten Situationen kann Metakommunikation ein wichtiges Mittel sein, um die Situation zu klären.

b) *Notieren Sie Beobachtungen aus Ihrem Leben oder auch aus Büchern, Filmen usw., die zu diesen Erkenntnissen passen oder ihnen widersprechen.*
- Hier könnten diverse Erfahrungen mit Konflikten angesprochen werden.
- Es könnte auch berichtet werden, mit welchen Mitteln andere provoziert werden, wie man sich in einem solchen Fall verhält usw.

c) *Legen Sie fest, welche Konsequenzen Sie aus diesen Erkenntnissen ziehen können.*
Schülerinnen und Schüler könnten sich beispielsweise vornehmen, sich mit Reaktionen zurückzuhalten, wenn sie unfair angegriffen werden usw.

Beteiligte	Art des Konflikts	Konfliktursachen	Konfliktverlauf
Situation A			
Situation B			

Situationen	Wünsche von X	Gemeinsames Interesse	Wünsche von Y
A Urlaubsdiskussion	Trubel	Zusammen in Urlaub fahren	Ruhe
B Flohmarkt			
C Gehaltsdiskussion			
D Zimmer aufräumen			
E Verhandlung zwischen Autohersteller und Zulieferer			

© Ernst Klett Verlag GmbH, Stuttgart 2012 | Be.Komm, Lehrerband | ISBN 978-3-12-803902-2

Situation	a) Lösung, bei der **X gewinnt**	b) Beispiel für **Druckmittel von X**	a) Lösung, bei der **Y gewinnt**	b) Beispiel für **Druckmittel von Y**	c) Beispiel für **Lose-lose**
A	*Siehe Schülerband*	*Siehe Schülerband*	*Siehe Schülerband*	*Siehe Schülerband*	*Siehe Schülerband*
B					
C					
D					
E					

Problematische Äußerungen	a) Erläuterungen, weshalb diese Äußerungen als persönliche Angriffe verstanden werden	b) Positive Äußerungen, die das Selbstwertgefühl des Partners stützen
A	*Siehe Schülerband*	*Siehe Schülerband*
B		
C		
D		
E		

© Ernst Klett Verlag GmbH, Stuttgart 2012 | Be.Komm, Lehrerband | ISBN 978-3-12-803902-2

a) Vorgehensweise	b) Bedeutung dieser Vorgehensweise
Gespräch wird auf den nächsten Tag festgelegt.	Die Gesprächspartner reagieren nicht emotional aus der Situation heraus. Marco kann sich innerlich auf das Gespräch einstellen.

Situationen	Äußerungen, bei denen **sachliche Kritik und ein negatives Urteil** über die Person **vermischt** sind	Äußerungen, die **sachliche Kritik mit einer Wertschätzung der Person verbinden**
A	*Siehe Schülerband*	Frau: „Es ist lieb von dir, dass du mich mit dem Essen überraschen wolltest. Du kannst ja wirklich vieles, aber ich fürchte, Kochen gehört nicht dazu. Du hast das Fleisch viel zu lange gebraten. Deshalb ist es so zäh …"
B Das Baumaterial ist immer noch nicht eingetroffen, obwohl prompte Lieferung zugesagt war.	Sie rufen den Lieferanten an: „Sagen Sie mal, wie stellen Sie sich das eigentlich vor? Wir können hier nicht weitermachen, weil Ihr Material fehlt. Ich habe letzte Woche noch einmal nachgefragt und Sie versicherten mir, der Termin sei kein Problem. Ich hätte wissen müssen, dass man sich bei Ihnen nie auf eine Zusage verlassen kann. Mit manchen Leuten sollte man einfach keine Geschäfte machen."	
C Sie beschweren sich bei Ihrem Meister, wegen der Urlaubsplanung.	„Es ist immer dasselbe. Ich darf wieder nicht im August in Urlaub gehen. Ich habe schon im Januar den Urlaub beantragt und war damit bestimmt der Erste. Aber Sie kümmern sich doch immer nur um Ihre eigenen Interessen. Was andere geplant haben, interessiert Sie gar nicht!"	
D Der Werbetexter legt seinem Chef den Entwurf für eine Anzeige vor.	Chef: „Krokodil, die Zahncreme mit Biss! Das ist doch fantasieloser Stuss. Werbung der 50er-Jahre! Ich brauche etwas Modernes. Aber Ihnen fällt offenbar wirklich nichts mehr ein. Ich bezahle Sie doch nicht für solche Kindereien."	

Bewerbung – Selbstpräsentation

Anlage des gesamten Kapitels 6 + Fallstudie 4 – Inhalte und Fragestellungen

Im gesamten Kapitel beschäftigen sich die Schülerinnen und Schüler mit Aspekten einer Bewerbung. Dabei gibt es Aufgaben, die speziell und individuell sind, z. B. den eigenen Lebenslauf zu schreiben. Es gibt aber auch immer wieder allgemeingültige Erkenntnisse, die sich auf die eigene Bewerbung übertragen und für eine eigene Bewerbungsstrategie nutzen lassen. Dabei ist es besonders hilfreich, wenn die Schülerinnen und Schüler immer wieder die Perspektive wechseln und die Bewerbung aus dem Blickwinkel von den Personen betrachten, die die Entscheidungen fällen. Ihnen soll klar werden, worauf die Personalverantwortlichen Wert legen und worauf sie achten. Diese Punkte sollen von den Lernenden dann bei der eigenen Bewerbung besonders berücksichtigt werden.

In den Unterkapiteln 6 A und 6 B geht es um allgemeine Einsichten in die Abläufe eines Bewerbungsverfahrens. Die Unterkapitel 6 C, 6 D und 6 E sollen die Schülerinnen und Schüler auf einzelne Hürden der Bewerbung vorbereiten (Bewerbungsmappe, Vorstellungsgespräch, Selbstpräsentation bei Einstellungstests).

Die abschließende Fallstudie nimmt die Geschichte von Oskar Peters wieder auf. Dieses Mal geht es darum, dass er sich das erste Mal seinen Mitarbeiterinnen und Mitarbeitern präsentiert. Die Schülerinnen und Schüler sollen herausarbeiten, worauf er dabei besonders achten muss.

Portfolio: Da viele der in diesem Kapitel geforderten Schritte individuell sind, ist der zusätzliche Einsatz des Portfolios nach jedem Unterkapitel nicht erforderlich. Selbstverständlich können die Arbeitsproben dennoch im Portfolio abgelegt werden.

6 A Worauf es bei einer Bewerbung ankommt

Schülerband S. 70

Anlage des Unterkapitels 6 A – Inhalte und Fragestellungen
Schülerinnen und Schüler sollen sich in diesem Unterkapitel die ganz grundsätzliche Frage stellen, was letztlich für den Erfolg einer Bewerbung ausschlaggebend ist: die objektiven Eigenschaften eines Bewerbers oder der subjektive Eindruck, den eine Bewerbung bei den Personalverantwortlichen hervorruft?

Lösungsvorschläge

1

Individuelle Lösungen

2

Individuelle Lösungen

HINWEIS

Eine Mindmap wäre eine Art der Visualisierung, die es ermöglicht, alle Informationen in einem Bild unterzubringen. Es sind aber auch andere – vielleicht reizvollere – Möglichkeiten denkbar, bei denen stärker mit Bildelementen gearbeitet wird, z. B. könnte der Hürdenlauf als solcher gezeichnet werden.

3

Individuelle Lösungen

6 B Anforderungsprofil (Arbeitsplatz) – Fähigkeitsprofil (Bewerber/-in)

Schülerband S. 71

Anlage des Unterkapitels 6 B – Inhalte und Fragestellungen
In diesem Unterkapitel geht es um die Frage, wie sich das Fähigkeitsprofil eines Bewerbers und das Anforderungsprofil einer angebotenen Stelle aufeinander beziehen lassen. Dies soll anhand von realen Stellenangeboten geschehen, die für die Schülerinnen und Schüler in Betracht kommen.

Lösungsvorschläge

1 – 4

Individuelle Lösungen

6 C Bewerbungsmappe

Schülerband S. 72–74

Anlage des Unterkapitels 6 C – Inhalte und Fragestellungen
In dem Unterkapitel wird das individuelle Bewerbertraining einen Schritt weitergeführt. Die Schülerinnen und Schüler erstellen eine eigene Bewerbungsmappe.

Lösungsvorschläge

1 – 2

Individuelle Lösungen

3

Sachverhalte	**Eindruck**, den die Personalchefin/der Personalchef von der Bewerberin/dem Bewerber bekommt
A Die schriftliche Bewerbung wird nicht ausreichend frankiert.	Sorglos, nicht sehr gewissenhaft, verursacht unnötige Mühen
B Die Bewerbungsmappe und die Unterlagen sehen benutzt aus.	Massenbewerbung, die schon an andere Firmen verschickt wurde → nicht sehr motiviert, nicht sehr ordentlich
C Auf der Bewerbungsmappe klebt noch das Preisschild.	Naiv, unerfahren, unprofessionell
D Die Anrede ist allgemein gehalten („Sehr geehrte Damen und Herren!").	Massenbewerbung → hat sich die Mühe für eine individuelle Bewerbung nicht gemacht → nicht sehr motiviert
E Das Anschreiben enthält sehr viel Eigenlob.	Arrogant, unrealistisches Selbstbild
F Das Foto entspricht nicht dem aktuellen Alter.	Hat sich wenig Mühe gegeben → nicht sehr motiviert
G Das Foto entstand offenbar im Urlaub am Meer.	Naiv, unerfahren, unprofessionell
H Die Mail-Adresse des Bewerbers lautet „schweinchendick@hotmail.com".	Unprofessionell, Witzbold, der zwischen privat und geschäftlich nicht unterscheidet
I Der Lebenslauf ist handschriftlich in Prosa geschrieben und beginnt mit den Namen und den Berufen der Eltern.	Kennt die modernen Gepflogenheiten bei Bewerbungen nicht → hat sich nicht informiert → unprofessionell, nicht gewissenhaft, sorglos
J Der Lebenslauf verzeichnet als Hobbys Musikhören, Discobesuche, Spielen mit der Playstation.	Hat wenig vorzuweisen, freizeitorientiert, nicht motiviert
K Der Lebenslauf enthält größere Lücken.	Der Bewerber war teilweise untätig oder verschweigt Informationen → keine ernsthafte Haltung zur Arbeit
L Das erste Zeugnis ist das der Grundschule. Auch Bescheinigungen über die bestandene Sportfischerprüfung und einen Töpferkurs sind beigelegt.	Bewerber kennt die Gepflogenheiten einer modernen Bewerbung nicht, hat wenig Interessantes vorzuweisen, kann sich nicht in die Rolle des Adressaten versetzen → unprofessionell
M Die Zeugnisse werden als Originale verschickt.	Kennt die Gepflogenheiten nicht → hat sich nicht kundig gemacht → unmotiviert, naiv, unprofessionell
N Die Kopien der Zeugnisse weisen Schatten und Ränder auf, die Unterschrift fehlt.	Zeugnisse sind möglicherweise manipuliert

6 D Vorstellungsgespräch

Schülerband S. 75

Anlage des Unterkapitels 6 D – Inhalte und Fragestellungen
Die Schülerinnen und Schüler erproben Vorstellungsgespräche. Dabei wechseln sie die Rollen und machen sich auf diese Weise mit der Sichtweise des jeweils anderen (Stellenbewerber, Personalverantwortliche) vertraut.

Lösungsvorschläge

1 – 2

Individuelle Lösungen

PORTFOLIO

a) *Fassen Sie kurz die Erkenntnisse über die einzelnen Hürden des Bewerbungsverfahrens zusammen, die für Sie besonders bedeutsam sind.*

- Entscheidend für den Erfolg einer Bewerbung ist der subjektive Eindruck, den der Bewerber bei den Personalverantwortlichen hervorruft.
- Dieser subjektive Eindruck beruht auf den objektiven Eigenschaften des Bewerbers, ist mit diesen aber nicht deckungsgleich, d. h., der Eindruck kann besser oder schlechter sein als das reale Potenzial des Bewerbers.
- In dieser Abweichung liegt die Bedeutung einer Bewerbung: Qualität setzt sich nicht automatisch durch, es kommt auf die Präsentation an.
- Eine Bewerbung sollte für ein Stellenangebot „maßgeschneidert" werden.
- Der Bewerber sollte nicht versuchen, unter Beweis zu stellen, dass er sich für jede denkbare Aufgabe eignet, sondern sich auf die speziellen Anforderungen einer Stelle beziehen.
- Niemand bekommt eine Stelle, weil seine Bewerbungsmappe formvollendet ist, wenn er nicht über die erforderlichen Qualifikationen verfügt.
- Umgekehrt kann es aber sein, dass jemand eine Stelle, für die er an und für sich gut geeignet wäre, nicht bekommt, weil die Bewerbungsmappe Mängel aufweist.
- Beim Vorstellungsgespräch geht es auch darum, als Person zu überzeugen und zu beweisen, dass man zum Unternehmen passt.

b) *Notieren Sie Beobachtungen aus Ihrem Leben oder auch aus Büchern, Filmen usw., die zu diesen Erkenntnissen passen oder ihnen widersprechen.*
Erfahrungen mit Bewerbungen könnten hier im Blickpunkt stehen.

c) *Legen Sie fest, welche Konsequenzen Sie aus diesen Erkenntnissen ziehen können.*
Worauf werde ich bei Bewerbungen besonders achten?

6 E Selbstpräsentation

Schülerband S. 76–77

Anlage des Unterkapitels 6 E – Inhalte und Fragestellungen
Das Unterkapitel befasst sich mit einer Situation, die es vor allem im Rahmen eines Assessment-Centers gibt: Die Bewerberinnen und Bewerber müssen sich selbst präsentieren. Worauf es dabei ankommt, sollen die Schülerinnen und Schüler zunächst mithilfe eines Textes herausarbeiten und danach praktisch erproben.

Lösungsvorschläge

1 – 4

Individuelle Lösungen

PORTFOLIO

a) *Fassen Sie kurz die Erkenntnisse über die Selbstpräsentation zusammen, die für Sie besonders bedeutsam sind.*
- Bei einer Selbstpräsentation geht es nicht nur um Fakten, man muss vielmehr „sympathisch" wirken.
- Man sollte die eigenen Stärken eher beschreibend als bewertend darstellen, um nicht arrogant zu wirken.
- Man sollte bei der Darstellung seiner beruflichen Erfahrung konkret werden, aber nicht zu sehr ins Detail gehen.

b) *Notieren Sie Beobachtungen aus Ihrem Leben oder auch aus Büchern, Filmen usw., die zu diesen Erkenntnissen passen oder ihnen widersprechen.*
Beobachtungen bezogen auf Menschen, die sich z. B. besonders gut präsentieren können.

c) *Legen Sie fest, welche Konsequenzen Sie aus diesen Erkenntnissen ziehen können.*
Bei der Vorbereitung der Selbstpräsentation auf die möglichen „Klippen" achten.

Fallstudie 4: Selbstpräsentation im Beruf

Schülerband S. 78–79

Anlage der Fallstudie – Inhalte und Fragestellungen
Die Fallstudie zeigt, dass es im beruflichen Kontext tatsächlich Situationen gibt, in denen es um Selbstpräsentation geht. Im Gegensatz zu dem künstlichen Setting im Rahmen eines Assessment-Centers geht diese Fallstudie von einer realitätsnahen Situation aus: Der neue Chef präsentiert sich seinen künftigen Mitarbeiterinnen und Mitarbeitern. Er will einen guten Eindruck machen und überlegt sich, wie er diese Wirkung erreicht. Dabei sollen ihm die Schülerinnen und Schüler helfen, zunächst, indem sie eine spontane Empfehlung abgeben, dann, indem sie mithilfe eines analytischen Verfahrens zu konkreten Handlungsempfehlungen kommen, die vor allem darauf beruhen, dass ein bestimmtes *Image* aufgebaut werden soll, das die Beziehung zwischen dem neuen Chef und seinen Mitarbeitern günstig beeinflusst.

Lösungsvorschläge

1

Individuelle Lösungen

HINWEIS

Die Schülerinnen und Schüler sollen hier zu einer spontanen Einschätzung des Sachverhalts und zu einer entsprechenden Empfehlung kommen. Bei Aufgabe 2 geht es um dieselben Empfehlungen – dieses Mal aber methodisch erarbeitet. Aufgabe 1 hat darum nur vorbereitenden Charakter.
Wichtig ist, dass sich die Schülerinnen und Schüler nicht zu lange mit Aufgabe 1 befassen. Sie sollen bei Aufgabe 2 offen sein für neue Erklärungen und neue Empfehlungen und nicht ihre bei Aufgabe 1 gewonnenen Einschätzungen verteidigen.

2

Schritt 1 und Schritt 2:
Individuelle Lösungen

Schritt 3: Zunächst gelten für den Leiter der Abteilung Sicherheitstechnik einige allgemeine Anforderungen an Vorgesetzte. Er sollte besonnen, fachkompetent, erfahren, ernsthaft, aber auch einfühlsam sein, über eine gewisse Autorität verfügen und andere motivieren können. Dabei trägt es zur Glaubwürdigkeit bei, wenn die Position aufgrund eigener Leistungen erreicht wurde.
Zu den besonderen Anforderungen dieser speziellen Position gehört, dass der Leiter im Umgang mit Kunden besonders vertrauenswürdig ist und seriös wirkt (Sicherheitstechnik). Umfassende Kenntnisse und Erfahrung (Technik, Betriebswirtschaft, Einkauf, Angebotserstellung usw.) sind genauso wichtig wie die Fähigkeit, die Mitarbeiter zu führen und zu motivieren.

Schritt 4: Es wird deutlich, dass Oskar Peters seine Stelle mit einer schweren Hypothek antritt. Dabei wirken seine Jugend und seine Unerfahrenheit negativ. Besonders schlimm dürfte für ihn aber sein, dass er als Günstling des Firmenchefs und als unseriöser Leichtfuß gilt.

Schritt 5: Es gibt einige kritische Punkte, an denen der IST-Zustand und der SOLL-Zustand weit voneinander entfernt sind. Die in Schritt 4 getroffene Einschätzung und die in Schritt 3 formulierte Anforderung klaffen vor allem beim Punkt Seriosität und Vertrauenswürdigkeit auseinander.

Schritt 6: Es sollte der Versuch gemacht werden, durch das eigene Auftreten gegenzusteuern. Zumindest sollte die Skepsis der Mitarbeiter/-innen nicht verstärkt werden.

Schritt 7: Oskar Peters sollte sich für ein förmliches und korrektes Auftreten entscheiden. Dies gilt bereits für die Kleidung, bei der es weniger darum geht, dass sie der neuesten Mode entspricht, sondern vielmehr darum, dass Oskar Peters hier als ernsthafter Geschäftsmann auftritt.
Die Armbanduhr sollte Oskar besser zu Hause lassen. Sie könnte das Bild des verwöhnten Jünglings unterstützen, dem alles in den Schoß fällt.
Die Tätowierung sollte auf jeden Fall zunächst einmal verborgen bleiben. Sie wäre sehr gut geeignet, alle Widerstände und Zweifel auf einen Punkt zu konzentrieren: „Unser neuer Chef ist tätowiert. Er wirkt wie ein Rockstar oder ein Knastbruder." Zu einem späteren Zeitpunkt, wenn sich die Mitarbeiter bereits ein Bild von ihrem Chef gemacht haben, dürfte die Tätowierung dagegen keinen Schaden mehr anrichten.
Die Frage Dialekt oder Hochdeutsch ist an sich nicht so entscheidend. Allerdings sollte sich Oskar Peters um eine gewählte Ausdrucksweise bemühen. Diese lässt sich leichter in der Hochsprache erreichen.
Oskar Peters sollte auch beim persönlichen Umgang mit seinen Leuten zunächst deutlich machen, dass er in die Rolle als Vorgesetzter passt, d. h., er sollte zunächst eine gewisse Distanz wahren.

Schritt 8:
Individuelle Lösungen

HINWEIS

Empfehlenswert wäre sicher, einige der kritischen Punkte anzusprechen, z. B. „*... Ich weiß natürlich, dass einige von Ihnen Vorbehalte gegen mich haben. ‚Ein so junger Mann soll unser Chef sein?', werden einige denken. Nun, ich kann das natürlich verstehen. Aber ich möchte Sie bitten, mir eine Chance zu geben und mich an meiner Arbeit zu messen und nicht an meinem Alter oder was sonst noch gegen mich sprechen mag. Meine Leistung wird nur dann überzeugend sein, wenn Sie alle mich unterstützen, wenn wir gemeinsam an einem Strang ziehen. Und genau darum möchte ich Sie bitten. Ich meinerseits verspreche Ihnen, dass ...*".

1. Auflage 1 5 4 3 2 1 | 16 15 14 13 12

Alle Drucke dieser Auflage sind unverändert und können im Unterricht nebeneinander verwendet werden.
Die letzte Zahl bezeichnet das Jahr des Druckes.

Herausgeber: Manfred Maier, Stuttgart
Autor: Dr. Ulrich Nill, Stuttgart

Redaktion: Andrea Höppner
Herstellung: Carolin Orlamünder

Gestaltung: nach Entwürfen von Petra Michel, Gestaltung & Typografie, Bamberg
Satz: Markus Schmitz, Büro für typographische Dienstleistungen, Altenberge
Druck: Medienhaus Plump GmbH, Rheinbreitbach

Printed in Germany
ISBN 978-3-12-803902-2

9 783128 039022